リップマン 公共哲学

ウォルター・リップマン
小林正弥＝監訳

THE PUBLIC
PHILOSOPHY
Walter Lippmann

勁草書房

THE PUBLIC PHILOSOPHY
by Walter Lippmann

Published 1989 by Transaction Publishers
Published 2017 by Routledge, an imprint of the Taylor & Francis Group, an Informa business

Authorised translation from the English language edition published by Routledge,
a member of the Taylor & Francis Group, LLC
Japanese translation published by arrangement with Taylor & Francis Group, LLC
through The English Agency (Japan) Ltd.

ヘレンへ

海のほか何も見えないときに、
陸地がないと考えるのは、
けっしてすぐれた探検家ではない。

——ベーコン『学問の進歩』II：VII、5
〔服部英次郎・多田英次訳、岩波文庫、
一九七四年、一六六頁〕

リップマン　公共哲学　目次

目次

目　次

凡例

・本書は、Walter Lippmann, *The Public Philosophy*, with a new introduction by Paul Rozen (Transaction Publishers, 1989) の翻訳である。

・原著の注と訳者注記は本文の後に掲載する。本文中で原注は（1）（2）（3）……、訳注は＊1＊2＊3……と表記した。

・原則として諸符号の転記は原文に従い、鉤括弧やダッシュは文意を通すために訳者が加えた。原文におけるイタリックの強調は傍点を付した。ただし、ラテン語・ギリシア語等を示すイタリックには傍点を付していない。

・引用文中の［　］は引用者による補足である。

・本文中の〔　〕は訳者による補足・説明である。

・原語を表記した方がよいと思われる箇所にはルビをふるか、（　）を用いて原語を併記した。

・引用文について、既訳のある文献にかんしては既訳を参照し、その文献情報を原注に併記した。多くは本書の文脈に即して訳し直したが、既訳をそのまま用いた場合もある。

・聖書からの引用は聖書協会共同訳に基づいている。

・索引は原著の索引項目に基づき作成したが、一部項目を割愛した。

リップマン『公共哲学』トランザクション社版への序文

一九五五年にリップマンの『公共哲学論』(*Essays in the Public Philosophy*)が刊行されると、論争が起こり、知識人たちはどちらかの立場を取らざるをえないと考えた。ドワイト・D・アイゼンハワーは大統領に就任して三年目を迎えていたが、高い公職に就いた小都市の実務家は無力であるとリップマンはみなし、それに助けられて彼のきわめてエリート主義的な気質が呼び起こされた。アイゼンハワーの共和党を政権に導いた一九五二年の選挙キャンペーンを、合衆国において最も広く記事が配信されていた政治コラムニストであったリップマンは、公然と支持した。リップマンの公共的な名声ゆえに、アイゼンハワーを支持したことは政治的に重要であり、ニュースバリューがある出来事と考えられた。その三年後〔本書の出版時〕、選挙におけるアドレー・スティーブンソンと民主党の敗北は、いまだ記憶に新しいものであった。

「リベラル」という言葉は、当時、肯定的な意味でまだ広く使われていた。ウッドロー・ウィルソンはイギリス自由主義《リベラリズム》の遺産のなかにいると自分をみなしており、戦間期の最高裁判事たちはリベラル派と呼ばれていたかもしれない。しかし、私はリベラルやリベラリズムという言葉がアメリカ合衆国の日常的な政治生活の語彙として登場するようになったのは、フランクリン・D・ルーズベルト大統領期の初期以降であると思っている。その後、リベラリズムはニュー・ディールの見方を表わすことになったのである。ライオネル・トリリング〔一九〇五－一九七五。アメリカの英文学者、批評家〕の『リベラルの想像力』が一九五〇年に刊行され、そして、ルイス・ハーツ〔一九一九－一九八六。アメリカの政治思想学者〕の『アメリカにおけるリベラルの伝統』が一九五四年に刊行されたとき、彼らはヨーロッパの古典的な政治・社会思想の教義と合衆国の生活の特別な特徴とを関係づけたという点で、同じように革新的であったのである。

ロナルド・レーガン大統領が絶大な人気を得ていた時代、合衆国の政治における有力な挑戦者たちは、誰ひとりとしてリベラリズムの伝統に訴えることに熱心ではなかった。しかし、リベラルという言葉を政治的にいかがわしいものと烙印を押すことに熱心な人々が暗に言うよりも、その遺産は幅広い。アメリカのリベラリズムはヨーロッパの過去に根を有し、ジョン・ミルトン、ジョン・ロック、ジョン・スチュアート・ミルといった人間精神の英雄たちがそこには含まれている。またトマス・ジェファソンのような建国の父や、独立宣言の最初の幾段落までさかのぼるためには、歴史的な省察をさほど要しない。一九四四年にグンナー・ミュルダールは、アメリカにおけるリベラリズムは伝統的でもあるというパラドクスをはっきりと指摘した。すなわち、彼は「アメリカは……保守的である。……しかし保守された原理〔原則〕はリベラルであり、なかには実にラディカルなものもある」[1]。

一九八八年の大統領選挙戦では、リベラルという言葉は、合衆国にとって極めて内在的なのでその遺産の一部であるにもかかわらず、タールで汚された。しかし、一九五五年の時点では保守主義の意味と地位をめぐる争いであった。当時、右派からはラッセル・カーク〔一九一八－一九九四。アメリカの政治理論から歴史、文芸評論までを扱った評論家、小説家〕、ピーター・ビーレック〔一九一六－二〇二〇。アメリカの詩人、歴史家〕、クリントン・ロシター〔一九一七－一九七〇。コーネル大学の主任教授、政治学部長などを歴任し、アメリカの保守主義思想、憲法史、政治史、大統領制度、政党制度などの分野に優れた研究業績を残した。主著に『アメリカの保守主義』や『共和国の草創期』など〕といった異なった思想家たちによって、論争的な本が書かれた。保守派の教義の正統性を確立し、保守派のイデオロギーをかつてのアメリカ合衆国の知性史における過去の人物たちに結びつけようとする努力がなされたのである。アイゼンハワーのリーダーシップにはすでに幾分か失望させられていたものの、リップマンの『公共哲学』は保守的な再覚醒とも考えられ、一時はベストセラーであった。フランスではまだ権力の座に返り咲いてはいなかったシャルル・ド・ゴールが、リップマンの理論の注目すべき賞賛者であった一方で[2]、アーチボルト・マクリッシュ〔一八九二－一九八二。アメリカの詩人〕はその主たる批判者の一人にすぎなかった。

リップマンは民主的な公衆の合理性の限界に挑戦していた。彼の進める議論の性質のみならず、二〇世紀の政治思想史における彼自身の地位からも、その批判は効果的なものと考えられていた。リップマンは、広く称賛された『政治序文』(*A Preface to Politics*)(一九一三年)で執筆活動を開始し、今世紀〔二〇世紀〕における抜きん出たアメリカの政治的賢者となった。第一次世界大戦前には、革新主義として知られる上昇潮流の一部をなし、(フェリックス・フランクフルターのような人物同様に)セオドア・ルーズベルトという人物が、彼の考え方を生涯特徴づけることになった。ウッドロー・ウィルソン政権が発足してすぐに、リップマンは党派的立場を変えたが、概して、彼の初期の著作は改革主義的で左派のものであった。彼はハーバード大学の一九一〇年クラスのメンバーで、大学では社会主義者クラブを創設し、一時は、醜聞暴き(muckraker)として知られるリンカーン・シュテフェンスとも、フェビアン主義者のグレアム・ウォーラスとも働いていた。リップマンは、公共的問題の熟議による統御という面での民主主義の可能性についての、教条的でない擁護者として登場した。人間の最高の衝動を満たすために、制度に適した社会環境を形作ることが可能であるという、楽天的な望みを彼は共有していた。

第一次世界大戦の勃発により、リップマンは、当時の他のアメリカ人同様、国際情勢において国家をどのように機能しなければならないかという必要性に、自分たちの民主主義の概念を適合させることを余儀なくされた。彼の『外交の利害関係』（*The Stakes of Diplomacy*）（一九一五年）は、その時代を切り拓くものであった。その後、リップマンは連合国側のプロパガンダ文書の原稿作りを助けるようになり、ウィルソンの一四カ条平和構想〔一九一八年一月八日に議会演説で明らかにし、ベルサイユ条約の原則となった〕の作成に重要な役割を果たした。しかし、リップマンにとっては、彼の友人ジョン・メイナード・ケインズにとってと同様、ヴェルサイユ条約は大いなる背信であり、現実に観察された民主主義の作動に鑑みて、自己統治の理想を考え直さなければならないと感じた。

リップマンは『自由とニュース』（*Liberty and the News*）（一九一九年）において、宣伝とプロパガンダの問題に関する自身の考えを検証し始めた。そして、彼の記念碑的な『世論』（*Public Opinion*）（一九二二年）は、主として民主政治における非合理的なものの役割に関するものであった。[3] リップマンは、外の世界の複雑さと、私たちが頭の中で単純化された像を求めようとする欲求における内在的なゆがみという、忘れがたい対比を導入した。私たちが生きている広大な社会環境と、それを間接的にしか認識することができない私たちの能力との対照性は、民主主義の思想家たちを悩ませ続けた。指導者たちは架空のパーソナリティを得て、シンボルが政治行動を支配するようになる。私たち一人ひとりと環境との間には、リップマンが擬似環境と呼んだものが生じている。リップマンは、政治行動は、現実の世界に対する反応ではなく、私たちが直接の知識を超えた現象について構成する擬似的な現実に対する反応であると考えたのである。

コロンビア〔大学〕オーラルヒストリーのインタヴューにおいてリップマンは、『世論』が彼にとっての「最初の本格的な大著」であると述べている。それに続く『幻の公衆』(*The Phantom Public*)(一九二五年)は、公衆が民主政において役割を成功して果たす能力について、より懐疑的ですらある。『運命の人々』(*Men of Destiny*)(一九二七年)と『アメリカの尋問者』(*American Inquisitors*)(一九二八年)は、一九二〇年代の政治的習俗を痛烈かつ詳細に解剖して見せた。『道徳序言』(*A Preface to Morals*)は現代倫理の切実な再検討であり、一九二九年に刊行された。ウォール街の暴落の後、リップマンはケインズ主義以前における反景気循環的計画経済の初期の主張者だったが、『善き社会』(*The Good Society*)(一九三七年)ではニュー・ディール政策全体に対する厳しい批判者となった。リップマンは常にコスモポリタンであり、一九三〇年代末においてヨーロッパへのアメリカ合衆国の関与を躊躇うことなく提案したが、第二次世界大戦後は、アメリカ合衆国が世界情勢に過度に干渉することに警鐘を鳴らした最初の一人となった。これらの局面はそれぞれ極めて異なっており、ときに一貫しない面があるが、リップマンは道徳的な預言者たらんとしたことはなく、危ういとみなした課題について、注意深く理性的な討論という手段で、自身の好悪を表明した。興味深くまた明快な一連の著作に加えて、コラム「今日と明日」(Today and Tomorrow)は一九三一年に始まって一九六七年の引退まで続いた。彼は一九七四年に八五歳で亡くなっている。

一九六六年のインタヴューでは、自身の主要四著作として『世論』『道徳序言』『善き社会』とともに『公共哲学』を挙げている。『公共哲学』の出版当時は、民主主義の実践に対する強力な告発であると一般的にみなされていた。長年にわたるプラトン主義への傾倒《コミットメント》に忠実に、彼は西洋の自由民主主義諸国は病となるほどにまで無知に苦しんでいると主張した。第一次世界大戦がそれまでの人道的な期待を打ち砕くような影響を目の当たりにしていた他の人々と同様に、リップマンは一九一七年以降、西洋が衰退の一途をたどっていると論じている。人民政府はますます自身の問題に対処できなくなっている、と彼は考えていた。二〇世紀には、ドイツ、イタリア、スペインにおいて民主体制が顕著に崩れ去るのが見られた。リップマンは統治の麻痺と呼ぶものに、現代の独裁の台頭を辿っている。彼はあまりにも悲観して、自らの読者に対してこう注意を促さなければならなかった。「私の同胞である市民から参政権を奪うという意志はまったくない」。しかしリップマンは断固として、自己統治に対するアプローチを全面的に見直すことが私たちには必要であると主張した。

人々は統治されることに対する同意を——すなわち政府が人々に求めること、提案すること、そして職務の遂行において行われたことに対する同意を——与えまたは拒むことができる。また人々は政府を選ぶこともできるし、政府をやめさせることもできる。政府の職務を是認または否訴することもできる。しかし人々は政府を運営することはできない。人々は自分たち自身で職務を遂行することはできない。通常、必要な立法を発案し提案することはできない。大衆は統治することはできないのである。……大衆の意見が政府を支配するところでは、権力の真の機能につ

いて病的な錯乱がある。その錯乱は統治能力を弱体化させ、今にも麻痺させようとしている。〔本文一四頁の引用〕

この崩壊こそ、リップマンが「西洋社会の破滅的な衰退」と考えたものの源と彼が指摘したものである（『公共哲学』が出版される直前、リップマンは、今度の自分の本の評判をとても不安に思って、数週間入院した）。

リップマンが懸念していた民主主義の病は、いかにして民主主義は機能するのかについての誤った一連の考えにあり、リップマンは世論が果たすと期待できる役割を制限しようとしていた。彼が取り上げた歴史的事例はほぼすべて、外交分野のものであった。彼の合理主義者のイメージは、プラトンのイメージである。

戦略的および外交的決断には——経験と老練な判断力は言うまでもなく——ある種の知識が求められる。それは、新聞を拾い読みしたり、ラジオ解説の断片を聴いたり、テレビに出演する政治家の所作を見たり、特別講演を聴いたり、二、三の本を読んだりすることによっては得ることはできない。それは脚を切断するかどうかを決める能力があるというようなことで足りることではないし、また戦争か平和か、武装するかしないか、介入するか撤退するか、戦うか交渉するか、どちらかを選ぶ能力があればよいというようなことで十分であるわけでもない。〔本文二四頁の引用〕

世論は希望と恐れを糧としており、それゆえ複雑さに満ちた現実を評価するには頼りえない、とリップマンは考えていた。

リップマンは自己統治という古い革新主義的理想の再評価を始めて以来、その生涯を通じて、現実に対する正しい認識のためにどこを向くべきか揺れ動いていた。一九二二年に彼は、政策専門家の創作物を頼りにする考え方を代表して論じており、それはソースティン・ヴェブレンが経済の技術者に寄せる信頼と似ていた。しかしながら、ニュー・ディール政策の時代に、リップマンはルーズベルト大統領のリーダーシップの現実の実施に不満を感じており、彼の『善き社会』は過度な行政権の恐ろしい結果を警告するものだった。そしてそれに代わって彼は、人々が従っている法的パターンによる抑制に依拠するようになった。だが、一九五五年になると、第一次世界大戦前と同様、政治の混迷に彼は再び幻滅を感じ、より政府の指導力を強化する必要性のために抗議することが時宜にかなうように見えた。しかしながら、リップマンの時事評論家としてのキャリアを終えるころには、ヴェトナム戦争におけるリンドン・ジョンソン〔第三六代アメリカ合衆国大統領〕の振る舞いをめぐる論争の盛り上がりの中で、再びアメリカ合衆国の大統領職について注目すべき激論を交わした。

リップマンは読書家以上に思想家であった。かつて私は、彼の個人的な蔵書を調べてみたが、ウィリアム・ジェームズやジョージ・サンタヤーナについて大学で学んで以来、彼は書籍に印をつけていないようであった。自らの師として個人的に親しんだ彼らの著作は、それぞれリップマンの思考に並々ならぬ影響を与えたが、彼が西洋思想全般について立派な教養を持っていることは明らかである。

『公共哲学』において、リップマンは、ジェレミー・ベンサムやジャン＝ジャック・ルソーの思想と彼が考えたものに反対して、エドモンド・バークを称賛して引用している。彼が探し当てた政治的問題の診断結果が、私たちの思考の欠陥にあるのであれば、提案された解決策もまた、知性の領域にあるのだ。

　西洋の生活における文明的品性《シヴィリティ》の伝統を回復〔再生〕させることが必要である、とリップマンは考えていた。過去の自然法思想家たちを思い起こすことによって、公共的利益を再び主張することがもっともできる、とリップマンは論じた。自然法論者たちは、はじめからずっと、人間の生来の善良さと、それゆえに世論の信頼性を素朴に信じる世俗宗教の理論家たちをずっと軽蔑してきた。人間性に対するロマン主義的な期待は、全体主義的な専制という最悪の形態へと直結したのである。

　自由な制度は、元来、公共哲学と呼べるような抑制のシステムの存在を信じる人々によって生み出されたものであるが、現代の懐疑主義はこれらの理念を捨て去ってしまった、とリップマンは考えていた。普遍的な道徳法則に対する懐疑主義が、西洋の政治的弱体性につながったと考えたのである（『公共哲学』執筆時までに、リップマンは『道徳序文』における自らの信条の大部分を放棄していたが、そこにおいてすらも彼は抑制されない自己表現を唱道する人々を蔑んでいた）。リップマンは教会の信仰の構造の体積や一貫性に惹かれながらも、カトリック信者になることは決してなかった。

　民主主義、そして人々の知恵に対するポピュリズム（人民主義）的な信仰をいかに辛辣に批評していても、リップマンは世界の統治を手助けすべく、世界をなお研究しようとしていた。絶え間なく流れる彼の記事は、公衆の知識レベルを向上させるという教育的意図によって書かれたものである。彼は、民主的な信念において、公衆が消費するためのニュースを解明できるということを、教えて明らかにしようとした。よって彼の著作は、彼のもっとも反動的な原則さえ裏切っている。すなわち、公共的な事柄についての頭脳明晰さを、人々に効果的に伝えることができるという合理主義的確信を、決して失うことはなかったのである。実際には彼は、公共的利益を護るために人々を結集させられるという民主的理想を放棄しなかったのである。

多くの偉大な政治理論家たちが、積極的に現実政治の動静に関心を注いできた。おそらくマキャヴエリは、なぜリップマンが高い公職につくことを断ることができると感じたのかは理解できなかっただろうが、リップマンの履歴は理解したであろう。解答をでっちあげることよりも、問いを提起することが最良の政治理論のもつ性格である。かつての社会哲学者たちのスタイルに比して、広大な絵を描く勇気をもつことができなくなっている私たちの世紀にあって、政治理論の伝統を生きた活気のあるものに保った一人として、リップマンは際立っているのである。

リップマンの遺著管理者であるルイス・オーキンクロス〔一九一七‐二〇一〇。アメリカの法律家、作家〕は、リップマンについてのすぐれた小説『予言者の家』[4]を書いた。これはまた政治理論家の精神の働きについて注目すべき説明であり、依然として私たちが有する最も成功した彼の回顧録である。権力に極めて近いという明白な誘惑にもかかわらず、リップマンは自らの地盤に立って偉大なる批評家であり続けた。彼が述べた見解の根拠においては、矛盾や、一貫性のなさがあったかもしれないが、それだからこそ、彼は六〇年もの間、公刊を続けたのである。その履歴のなかで、アメリカの政治・社会思想におけるあらゆる主要な動向のほとんどに彼は関わっていた。おそらくリップマンは、壮大なシステムの構築者としては、あまりにも正直だった。彼は自らの考えを変えることをいとわなかったが、自らの自立を捨てることはずっと拒否したのである。彼の独自性は、明瞭かつ連続的に論点を考え抜く能力に由来した。彼は決して政治家に自らを利用させなかった。彼のような仕事には政治家の協力は欠かせないからこそ、リップマンの業績はなおさら注目すべきものになった。コラム執筆や政治のルポタージュといった単調な回転作業から、リップマンは自らの精神の一部を常にとどめ置いていたことを『公共哲学』は示しているのである。

ポール・ローゼン

第Ⅰ部　西洋の凋落

第1章　曖昧な革命

1　なぜこの書を執筆するのか

あの運命的な一九三八年の夏のあいだ、私は理性と感情において、西洋社会で深刻さを増す混乱と折り合いをつけようとして、一冊の書物を書き始めた。当時私はパリに住んでいたが、間もなくチェンバレン氏とダラディエ氏をミュンヘンが行くこととなる決定がなされていたことを知っていた〔それぞれイギリスの首相アーサー・ネヴィル・――とフランスの首相エドゥアール・――を指し、決定とは一九三八年九月二九日のミュンヘン協定のことを指している〕。もう一つの世界大戦を回避するには、みじめな降伏によるほかなく、まさに進行中の猛攻撃に仏英が抵抗できるだろうという確かな見込みもなかった。仏英は態勢が整っておらず、人々は分裂し、意気消沈していた。アメリカ人は遠く離れ、中立の立場を取ると決めており、戦備をしていなかった。私は、大西洋共同体の諸国はこの挑戦に堪えられないだろうということ、そしてもし諸国が失敗したら、私たちは自身の偉大な文明的品性《シヴィリティ》(civility) の伝統(1)、すなわち西洋の人々が何世紀もの闘争の末に獲得しながら、今や野蛮の台頭によって脅かされている諸自由を失うだろうという予感に満たされていた。

本書の執筆は、西洋の自由民主主義諸国は二〇世紀の現実に対処することができないという驚くべき失敗を、自分自身にもより理解できるようにする必要に迫られてのことである。フランスの陥落によって、私たちもまた間もなく交戦しなければならなくなること、さらにイギリスの戦い〔バトル・オブ・ブリテンとも呼ばれる、一九四〇年七月からドイツ空軍が行った、イギリスへの大規模攻撃作戦による交戦。この航空戦にイギリスが勝利したことで、ドイツによる本土上陸作戦は中止された〕が敗れると、私たちは自分たちの力で交戦しなければならないようになることが明らかになったころ、私はすでに本書の草稿を書いていた。

しかし、当時アメリカ人には、軍事的組織の態勢が整っていなかったのと同様に、心の準備もできてはいなかった。この生死のかかった挑戦に対抗できるように、民主主義諸国をこの苦難に対抗すべく呼び集め、集結させ、勇気づけることができるだろうか？　民主主義諸国はよりすぐれた資産を持ってはいる。民主主義諸国はまた人員、資源、そして影響力を持っている。しかし洞察力、辛抱する規律、そしてそれを成しとげようとする決心があるだろうか？　手段があったとしても、同時に意志を持ち、どうすべきか知っているだろうか？　第二次世界大戦は第一次世界大戦の廃墟と失敗のなかから生じつつあった。西洋の民主的な諸政府が、そのような問題を統制し、必要な決断を行えることを示すものは何もなかった。出来事に対して反応をすることはできても、統制することはできなかった。西洋社会の構造を支離滅裂にするような疲弊なしに、また一般大衆を排除するような最悪の苦しみなしに、さらには取り返しがつかなくなるような暴力手段に訴えることもなしに、民主的な諸政府は敗北と征服を回避できるだろうか？　諸政府はあまりにも緩慢すぎ、それゆえ何かわけもわからないことに巻き込まれてしまっていた。諸政府は見えたままに理解することを拒み、聞こえたままに信ずることを拒み、見込みのない希望を望み、待つだけだったのである。

私のように二つの大戦前の柔和な雰囲気を知っていた者には、西洋の自由民主主義の病に気づきそれを認めるということは、容易なことではなかった。しかし、私たちが準備も戦備もないまま二つめの大戦に引きこまれつつあったとき、私たちの社会には深い混乱があり、しかもそれは、私たちの敵の陰謀や人間的な状況の逆境からではなく、私たち自身の中から生じたものであるということを否定できないように思えた。私はそのように感じていた多くの仲間たちの一人であった。この仲間たちは、徹底的な抵抗が至上命令であり、敗北すれば取り返しがつかず耐えがたいものになるであろうということを決して疑わなかったが、それとともに、全面戦争になれば私たちの世界は、民主主義にとっても四つの自由〔F・ルーズベルトによる(1)表現の自由、(2)信仰の自由、(3)欠乏からの自由（平和的生活を保障する経済上の相互理解）、(4)恐怖からの自由を指す〕にとっても安全ではありえなくなるということを心の中で知っていた。私にはわかったのだった――私たちは怪我をしているのではなく病気であるということ、そして私たちが秩序と平和を世界にもたらすことができなかったがために、私たちの後継者に選ばれたと信じている人によって襲われていることを。

2　一九一七年――革命の年

一九四一年一二月、私はこの原稿をしまい込んでしまった。世界にとっても私にとっても、非常に多くのことが起ころうとしていたので、この書物を書く仕事に戻ったとしても、全く新しく始めることになろうと思ったからである。戦後になって私がこの書物の仕事に戻ったときには、本書に啓示を与えた予感は、おそろしいほどに現実のものとなっていた。自由民主主義では、何かがとても誤ってしまった。なるほど民主主義諸国は敵を負かしはしたし、敗北と服従は免れることができた。しかし、平和を樹立し秩序を回復することはできなかったのである。この一世代において再び、破滅的な戦争を防止できず、しかも戦争遂行に対し備えようともしなかった。そして、ようやく莫大な費用をかけて敵を破っても、その勝利から平和を生むことはできなかったのである。民主主義諸国は、これまで以上に大きくなり、かつ広範囲になっていく戦争の悪循環に巻き込まれた。次のことを否定することができるだろうか？　民主主義諸国は現実に対処して、事態を統べ、死活的な利益を守ることができず、そして恐らくは、自由で民主的な国家として生き残れると保証できないような病にかかっているということを。

西洋の凋落は思い違いではなかった。ウィルソンが民主的諸政府の下での平和な世界を宣言してから僅か三〇年で、北大西洋の民主主義諸国は西欧とユーラシア大陸の辺縁の防衛に手いっぱいとなった。半世紀も経たない間に、そうなってしまったのである。一九〇〇年には、地球上のすべての人々が、憤りすら感じていても、西洋諸国の優越を認めていた。西洋諸国は人類の進歩における認められたリーダーであり、次のようなことは自明と考えられていた。後進諸国が西洋の技術を使用し、自由な選挙を行い、権利章典を尊重し、そして西洋の政治哲学によって生きるようになること――これらを、いつ学ぶかというのは問題だが、そうなるかどうかは問題ではありえなかった。一九一七年までは、世界のどこでも、ロシアでさえも、新しい政治のモデルは、英、仏、米国流の自由民主主義であった。

しかし、一九二〇年の終わりまでに、事態は急変した。当時、ブライス卿〔ジェームス・――。一八三八－一九二二。イギリスの法律家、歴史家、政治家〕は『近代民主政治論』（*Modern Democracy*）〔「地方政治は民主主義の最良の学校、その成功の最良の保証人なり」という言葉で知られる主著〕をほぼ完成させていた。依然として戦前の流儀で、民主主義は普及しつつあり、世界における民主主義国の数は一五年以内に二倍になったと書いてはいたが、危険な兆候を目にして悩んでいたのである。彼は序言において、「若い世代にとって真に助けになる」ことではないかもしれないが、「経験による悲観論を抑える」ことはできないと書いた。「民主主義は普及し、また民主主義を試みたいかなる国も、それを放棄しようとはしていないにしても、私たちは、一七八九年〔フランス革命〕の人々と同じように、民主主義が政治の自然な形であり、結局のところ必然的な形であると考えることはできない。ヴェルサイユでの等族会議〔身分制社会を土台として特権身分により構成された議会で、フランスでは三部会と呼ばれ、聖職者、貴族、有力都市の市民の代表者で構成された〕の人々の目を自由という昇りゆく陽がくらませて以降、多くのことが起こった。人々の政治は、いつでもどこでも良い政治であることを保証するとはまだ証明されてはいない。多くの国で目に余る弊害に対するいらだちが、民主政に代えて王政または寡頭政治をもたらしたように、同じようないらだちがいつか現在の進展を逆行させるかもしれないということは、ありそうもないことだとしても考えられないことではない(2)」――このように言わざるをえなかったのである。

それから三年後、ムッソリーニがローマに進軍し、イタリアは大規模民主主義国のうち、初めて「進展を逆行させる」国となった。今にして思えば、第一次世界大戦末期に、ブライス卿が経験による悲観論と考えたことは、実際には、敏感で賢明な観察者の直観だったことがわかるのである。彼は、あまりにも事態に近すぎて気づいていなかったが、民主主義の前途に根本的な変化が生じつつあるということを骨の髄で感じていたのである。

民主主義国家の内部で、見えざる革命が起こっていたのだと、私は今や確信する。第一次世界大戦の三年目までに、累積された損害はあまりに過大となってきたので、すべての交戦国の制度上の秩序は圧力と緊張の下に崩れていた。フェレーロ〔グッリエルモ・――。一八七一―一九四二。イタリアの歴史家、ジャーナリスト、小説家。著書に『権力論』や『古代ローマ一千年史』がある〕の効果的な文句を借りれば、戦争は無限膨脹的になってしまい、戦前の政府は人々の忍耐と忠誠の上にこのような無制限の為替手形を課すことはできなくなった。敗戦国においては、その代償として、既成秩序に対する革命が起こり、ロマノフ王朝、ホーエンツォレルン家〔ドイツ帝国〕、ハプスブルク帝国、そしてオスマン帝国は崩壊した。戦勝国では、諸制度が打ちこわされることはなかったし、支配者たちは追放や投獄、処刑もされはしなかった。しかし憲法秩序は、その内部において、微妙ではあるが根本的な変革にさらされたのである。

3 民主主義諸国の内部革命

まさにイギリスが男子普通選挙制を採用しようとしていた一八八四年において、民主政に対する強力な批判者であったヘンリー・メイン卿〔一八二二―一八八八。イギリスの法学者・社会学者・政治評論家で、イギリスの歴史法学の祖とされている。主著に『古代法』がある〕は「民主政が本質において君主政とは異なる」という印象「ほど大きな誤りはほかにない」と述べている。なぜならば「政府が必要かつ当然の任務遂行において成功するか失敗するかというテストは、民主政でも君主政でも全く同じ」(3)であるからだ。これらの当然かつ必要な任務として、対外的には国家の死活的な利益の防衛と進展、対内的には秩序と安全と財政の問題がある。これらの義務は常に困難な決断を要請する。国家の統治者は課税し、徴兵し、命令し、禁止せねばならないし、私人の好みや、安易で人気のあることに反しても公共的利益を主張しなければならない。だから、その任務は困難である。統治者がその任務を行うためには、私的な感情の潮流に逆らって乗り越えねばならないことも多いのである。

統治の困難さは、一九〇〇年代の初期にはほとんど実感されていなかった。というのは、半世紀以上、民主政がその歴史的な前進をしていたあいだ、政府が困難な決断をほとんどしなくてもよかった注目に値する期間があったからである。ワーテルローの戦い〔ワーテルローは現在のベルギー、ブルュッセル郊外の村。エルバ島を脱出し、パリに帰還したナポレオン・ボナパルトが、一八一五年に再起を期して、イギリス・プロイセンなどの連合軍と争った戦い〕以来、世界大戦というものはなかったし、アメリカの南北戦争以後はほんの二、三の短期間の局地戦争しかなかった。拡大と発展と解放の時期であったのであり、植民地化できる新大陸があり、発展させられる新しい産業システムがあった。人類はまるで歴史の嵐を乗り越えたかのようであった。ますます民主的、自由で、人道的になりつつあった政府は、戦争と平和、治安と財政、憲法秩序と革命などといった困難な問題を処理せずにすんだ。政府はただ向上に、すなわちより多く、より良く、ということにのみ携わっていればよかった。生命は安全であり、自由は確保され、私的な幸福の追求のために道は開かれていた。

この長い平和のあいだに自由主義者たちは、自由で進歩的な社会においては、政府が弱体であるべしというのが良いことだ、という考えに慣れていった。数世代のあいだ西洋は、困難な決断をなすことによってその強みを示す必要のない政府の下で繁栄したのである。荒々しく目覚めさせられることなしに、多様な利益の競合の中で、すべてが何とか最善に向かうという夢を見ることができた。政府は通常は中立でありえたし、大体において善と悪や正と不正とかを積極的に判断しなくてもよかった。公共的利益は、選挙結果、営業報告書、貸借対照表、通貨流通高、および拡大の統計などに示されるものと同等視することができた。平和が当然自明のこととされる限り、公共的善も、私的な取引の集計に内在するものと考えられた。特殊利益を超えて、それらを統御することにより整序する統治権力は必要なかった。

今から思えば、これらすべてのことは、格別な晴天の日のほんのしばらくの間の白昼夢にすぎなかったのである。この夢は第一次世界大戦の勃発とともに終わった。そして私たちは、「進歩の時代」においても、人間の対立と抗争という状況が改善されることはなかったし、生存と支配のための闘争の暴力も緩和されることはなかったと知ったのである。

事実、暴力はいまだかつてないほど激化し拡大された。グレアム・ウォーラスが大戦の前夜に指摘したように、平和な数十年間の拡大と発展は、「社会的規模の一般的変化」[4]をもたらし、そしてその規模の変化は革命的結果をもたらした。ジョン・U・ネフの言によると、普仏戦争と第一次世界大戦とのあいだの四〇年間は「物質的福祉という点から見ると、……史上で最も成功した時代であった。……一世代をわずかに越えるくらいのあいだに、最初の人間であるアダムと一七世紀最大の科学者であるニュートンとの間の、無数の時代に増えた分と同じくらい、世界の人口は増大したのである。コーリン・クラークによる大胆な計算によれば、有給で雇われた一人あたりの実収入は一八七〇年から一九一四年までに七五%、またはそれ以上に増加し、しかも他方で、西欧の富裕国や……北米における労働時間は実質上短縮されている」[5]。

ネフによれば、人口、生産量、および武器の破壊性の増大によって、「進歩の時代」を終わらせた現代の戦争には「ニュートン時代の特徴であった戦争の限定的性格は、全くない。ヨーロッパは今や巨大な軍隊を持つ余裕があり、戦争を遂行しながら武器装備を補充、再補給することもできる。以前よりも殺すためには多くの資金が必要だが、必要な資金は（信用の利用や操作が洗練され進歩したために）調達可能な資金よりも少なく、その金と信用で買うことのできる軍需品の量との関係でも少ないことがわかった」。これらすべてのことは、ニッカーソンが言うように、再び戦争が始まれば先進諸国は「見境いなく大きな犠牲を出すことができるようになったので、出血している勝者が、敗者の死骸の上で気絶することになろう」[6]ということを意味していた。

戦争の緊張は、弱い政府の上に恐ろしい大衆の圧力を醸成した。そのような圧力が非常に強くなったために既存の政府の制度的機構が壊れた年として、一九一七年を指摘することができるであろう。

この年、緊張は耐えられないほどになった。一九一七年は二つのロシア革命〔二月革命と十月革命〕の年であったのである。また、ウィルソンの諸原則の宣言とともにアメリカ合衆国が参戦した年でもあった。イタリアにとっては、カポレットの年であった〔第一次世界大戦でドイツ＝オーストリア軍が一九一七年一〇月二四日から一一月一二日にかけて北イタリアのカポレットにおいて、イタリア軍に大打撃を与えた会戦のこと〕。オーストリア＝ハンガリー帝国にとっては、フランシス・ジョセフの後継者のもとで、終焉の幕開けとなる年であった。ドイツにとっては七月危機の年であり、プロシア帝政が、帝国議会に対し、協定による和平の要求を聞き入れざるをえなかった年であった。フランスにとっては軍隊内で反乱の起こった年であり、イギリスにとっては潜水艦による生死の危険のあった年〔第一次世界大戦中、ドイツが実施した、潜水艦Uボートから連合国および中立国船舶に向けた無警告での無制限潜水艦攻撃作戦〕であった。東欧および中欧においては、虐げられ怒りに燃えた大衆が、歴史的な諸国家と旧体制の諸制度を打倒した。西欧や北米においては、このような急激な変化は、むしろ――このような表現を用いてよければ――深く広く浸透するというかたちをとった。表向きはほとんど変化することのないという見せかけの裏では、代表議会の同意による執行府という古い構造が剝ぎとられていた。それは場所や分野を問わずというわけではなかったが、しかしもっとも重要な、戦争と平和のための高度な政策形成という分野において、である。

既存の政府は、最高の支配権、すなわち拘束する権威と命令する権力を使い果していた。伝統的な方法では、もはや無限膨脹的な戦争を遂行することはできなかったが、さりとて和平交渉もできなかった。そこで諸政府は国民に向かわざるをえなかった。一層大きな努力と犠牲を要請しなければならなかったのである。すなわち、戦争のやり方と目的を「民主化」することにより、全面的勝利を追い求め、全面的平和を約束することにより、国民の努力と犠牲を手に入れたのである。

実際には、戦争終結のための戦略的および政治的条件を決定するという執行権を、政府は譲ってしまったことになる。要するに、政府は戦争を統御できなくなったのである。この革命は、代表議会に権力を譲るもののように見えた。その革命が行われた時点では、秘密外交の悪弊の廃止と、評判の悪い戦争を非民主的に行うことの廃止を約束するものとして、歓迎された。ところが執行部が譲った権力は、実際は権力行使などできない議会を素通りして、投票者集団に移った。しかし投票者集団もまた権力行使はできないため、結局のところ党首や圧力団体の代弁者、マスコミュニケーションといった新しい組織の有力者に権力は移ったのである。

結果は惨澹たるもので、また革命的であった。民主主義諸国は、かくて理性的目的のために戦争を行うことも、遵守されるか実施されうる平和を達成することもできないことになってしまったのである。

4　政府の麻痺

議論を先に進める前に、私自身は自由民主主義者であり、私の同胞から参政権を奪うことなど望んでいないことを断っておくべきであろう。私は、一方が他方を破壊する前に自由主義と民主主義の双方を守ることを望んでいる。世界の半分以上の国がその実現を否定し絶望している状況下で、それはまさに私たちの時代の問題である。その中で、一つだけ確かなことがある。もし何事かをそもそもなければならないのなら、私たちは妨げられることなく自分たちの状況を吟味しなければならないということだ。そしてその状況は、戦争と平和について民主的諸政府が冒した重大な誤りと明らかに関係しているため、人々〔人民〕が選出した政治家について考えをめぐらすのと同様に、私たちは主権者たる人民についても率直に考える習慣を持たなければならない。政治家のことは軽蔑しておきながら、それを選んだ投票者のことは息を殺しながら語るというのはいいことではない。人々を前にした国王と同様に、人々の周囲に神聖な垣根が張り巡らされるべきではないのである。すべての王子や支配者と同じく、また、すべての主権者と同じく、人々はお世辞やへつらいであしらわれているのである。事の真と偽と正と不正が人々の投票で決定されるなどという卑屈な偽善は、むしろ人々を裏切るのである。

もし私が右に述べてきたことが正しいとすれば、今世紀〔二〇世紀〕になって一般大衆と政府との関係に機能障害が起こっていることになる。人々は自分で行使できない権力を獲得し、そして人々が選んだ政府は、自分たちが統治するのであれば取り戻さなければならない権力を失っているのだ。ではいったい、人々の権力の真の限界は何であろうか？　答えは単純ではありえない。しかし大まかな出発点として、次のように言うことができる。すなわち、人々は統治されることに対する同意を――すなわち政府が人々に求めること、提案すること、そして職務の遂行において行われたことに対する同意を――与えまたは拒むことができる。また人々は政府を選ぶこともできるし、政府をやめさせることもできる。政府の職務を是認または否訴することもできる。しかし人々は政府を運営することはできない。人々は自分たち自身で職務を遂行することはできない。通常、必要な立法を発案し提案することはできない。大衆は統治することはできないのである。ジェファソンが言ったように、人々は「自分で執行府を動かすことはできないが、執行府を動かす人を指名することはできる……。自分が立法することはできないが、それゆえに、私たちとともに人々は立法者をただ選ぶのである(7)」。

大衆の意見が政府を支配するところでは、権力の真の機能について病的な錯乱がある。その錯乱は統治能力を弱体化させ、今にも麻痺させようとしている。憲法秩序のこのような崩壊が、西洋社会の突然の破局的な凋落の原因である。もしそれを阻止し逆転させることができないなら、西洋は没落するであろう。

このような錯乱の傾向とそれに対する私たちの社会の脆弱性には、長く複雑な歴史がある。しかし、私が自らそのなかを生きて来た出来事をよく考えてみればみるほど、西洋民主主義国の権力と影響力と自信の凋落が、あまりにも急激で突然であったことが、ますます驚くべきことで、かつ重要に思われる。私たちは短い間に、大きく堕落してしまった。いかに長い間、根本的な腐蝕が進んでいたとしても、第一次世界大戦が始まった時点では、私たちはまだ偉大で強力で繁栄したコミュニティ〔共同体〕をなしていた。その後に私たちが見たものは、単なる衰退ではなく――古い体制の多くは崩壊しつつあったが――むしろ何か歴史的破局ともいうべきものだったのである。

第2章　民主主義国家の病弊

1　戦時と平時における世論

戦争勃発前夜の一九一三年、ハリー・ジョンストン卿は、ヴィクトリア女王とエドワード七世のことを念頭に、一九世紀における外交のあり方について、次のように書いている。

その時代には、一国の隣国または遠国との関係は、もっぱら皇帝や国王や大統領といった国家の長が、多かれ少かれそれに従属する外相とともに処理したものである。外相は、大衆の代表者ではなく君主の使用人であった。事はすでに準備されており、それが従順で、自信があるか愚鈍な人々の上に、いきなり持ち出された。公共的な新聞はそれを批判したり、更に多くは賞讃したりしたが、せいぜい既成事実を取り扱って最善をつくすほかなかった。わが国では、ときに政権の外にいて不平をもった政治家が——おそらく賢明に、おそらく不公正に、私たちはまだよく判らないものの——イギリス外交政策の動向に反対して扇動しながら、地方の大きな町を巡回して多少の成功を勝ちえることがあった。しかし一度政権をとれば、その内閣も次第に国王と常任の官吏（一九世紀の後半にはこれらの官吏は絶えず重要性が増大する要因であった）の意見に同調した。そして結局今までと同じく帝国の外交政策は、国王と二人の閣僚と常任の外務事務次官、そして恐らく最高の財政の代表者とからなる少数の秘密会で形成されたのである。(1)

あまり文字通りに取らなければ、第一次世界大戦以前の外交がどのように行われたかについて、この一文は公正な記述である。例外はある。たとえばアバディーン〔一七八四－一八六〇。イギリスの政治家。一八五二年ホイッグ党との連立内閣を組織し首相に就任。クリミア戦争遂行で下院の支持が得られず辞任した〕内閣は、クリミア戦争の不手際により一八五五年に覆された。しかし一般的に言えば、選出された議会は、戦争に至る過程や高水準の戦略について、また休戦の条件や平和の条件についての審議には与ることはなかった。報告を受けるという議会の権利さえも厳しく制限され、そのシステムの原則は戦争と平和は執行府の仕事だということにあった、と言ってよかった。イギリスでもフランスでもドイツでも議会に決定権はなく、共有されることさえなかった。

もちろんアメリカは特別なケースであった。合衆国議会は宣戦および条約批准について、忠告しかつ相談を受ける憲法上の権利を常に有してきた。しかし私がいま述べている時代、すなわち第一次世界大戦勃発以前には、大国としての役割を回避すること、死活的利益の範囲を西半球と北太平洋に制限することがアメリカの政策であった。一九一七年になって初めて、外交処理に関する合衆国憲法上のシステムが、世界問題の処理に巻き込まれるようになったのである。

ところが第1章で述べたような理由から、戦争〔第一次世界大戦〕のあいだに、この執行部の責任体制が崩壊してしまい、一九一七年以後は戦争の遂行について、さらにその後は休戦と平和の条件について、大衆世論の支配的な影響を受けるようになった。

そうは言っても、軍の参謀部や外務省が直面していた複雑な問題の全範囲にわたって、一般大衆が強い意見を持っていたというわけではない。大衆世論の動きは、次から次へと生起する諸段階を通じて一貫していたことはなかったし、また事の性質上そういうことはありえなかった。それは断続的なものだったのである。通常、そのようなものとしては、新しい一般的な政策方針の設定が必要となった決定的な局面で、巨大な反対が押しつけられるということだった。無気力で無関心である時期ももちろんあった。しかし、民主政の政治家たちは、大衆の拒否権が隠れて存在しており、それが呼び起こされると、政治家たちにもその政党にも高くつくことを知っていたので、起こるべき厄介な変化についての予見を避けさせることを好んだのである。

たとえば、一九一八年から一九一九年の冬にかけて、ロイド・ジョージ、クレマンソー、ウィルソンならびにオルランドは、現代史の重大局面に立っていた。ドイツが敗北してその政府は崩壊し、軍隊は武装を解除され、解散させられていた。連合国は、懲罰的な平和を命令するか、和平調停交渉を行うか、どちらかに決定する必要に迫られていた。

一九三〇年代に英仏両政府は、ヒトラーやムッソリーニを抑えるために戦闘の準備をするかどうか、協調手段をとるかどうか、あるいは戦闘の準備をしないままで彼らと宥和するか、いずれかに態度を決めねばならなかった。アメリカは、日本を抑えるために戦闘の準備をするか、それとも中国を犠牲にして日本と取引するかを決定しなければならなかった。

第二次世界大戦の間にも英米両政府は、無条件降伏による全体的勝利か、和平を目的とする交渉による解決かという選択をなさなければならなかった。

これらのことは、分岐点でそこから先は後戻りできない道を選ぶ場合のような、由々しき問題であった。すなわち戦闘の準備をするかしないか――衝突が起こったとき介入するか手を引くか――、戦争になった後は敵の無条件降伏のために戦うか、和平のために戦うかという問題であった。このような問題は極めて由々しきことであり、公衆の感情はすぐに白熱してしまう。しかも、大衆が大衆として発することのできる言葉、すなわちただイエスかノーかをもって答えざるをえない。

一九一七年以来の経験は、戦争と平和にかんする民主主義国家の大衆の答えは、大抵ノーに傾くことを示している。というのは、戦争と結びつくあらゆることが、ほとんどあらゆる人にとって危険で、苦痛で、不愉快で、疲労困憊させるものになったからである。マーシャル・プランを受け入れるというようなまれな例外を除き、危険度の高い重大局面では、現に政府が進んでいる道筋を変更することに対して、支配的な大衆世論は拒否に近い態度を押し出すのが原則である。たとえば「平時に戦争の準備をするか？」―「ノーだ。税金を上げ、予算を不均衡にし、学校や職場から人を動員し、敵を挑発することはよくない」。「拡大しつつある紛争に介入するか？」―「ノーだ。戦争のリスクは回避せよ」。「紛争地域から撤退するか？」―「ノーだ。敵を甘やかしてはならない」。「その地域に対する要求を減らすか？」―「正義は妥協を許さない」。「機会が訪れ次第、妥協による平和への交渉をするか？」―「ノーだ。侵略者は処罰されなければならない」。「指示された解決を実施するため、軍備を続けるか？」―「ノーだ。戦争は終わったからだ」といった調子である。

不幸な真実は、支配的な世論が、重大局面に際して破滅的な間違いを犯してきたということである。人々は、十分な情報と責任をもった当局の判断を拒否してきたのである。人々は通常、何が本来より賢明であり、必要で、より適切であるかを知っているはずの政府を強いて、あまりに些細なことで遅らせたり、あまりに重大なことで長引かせたりし、平和のときには過度に平和主義的、戦時には過度に好戦主義的に、交渉にあたっては過度に中立的または宥和主義的、あるいは強硬にさせたのである。大衆の世論は、今世紀になって次第に大きな力を持つようになったが、生死に関わっているときには、危険な決定権者であることがわかったのである。

2　過ちの強要

このような事柄をめぐる世論の誤りには、共通の性格がある。意見の変化は、出来事の展開よりもゆるやかである。そのため、戦争と平和についての主観的な感情のサイクルは、事件の客観的な発展のサイクルとは食い違うのが普通である。大衆の意見であるからこそ、慣性がある。少数の人の心を変えるより、多くの人の心を変えるにははるかに時間がかかる。散り散りの雑多な大群衆《マルティチュード》に情報を与え、説得し、注意を喚起するには時間がかかる。そこで、群衆が古い事件に追いつく前に、政府が取り組む準備をしなければならない新しい事件が、すでに地平線の上にあらわれることになる。しかし多くの人たちは、まだ遠い将来の問題より、ようやく捉えた目前の問題の方により多く注意を向けるであろう。こういうわけで、道筋を変更することにノーを言う傾向は、過ちを犯すように強要することになる。世論は、実はもはや存在しなくなった古い状況を問題にしているのだ。

世界大戦が起こっても、自由民主主義国の人々は、災禍の開始に脅威を感じ激しい憎悪に駆り立てられて無限の希望に陶酔させられるまで、闘争の努力と犠牲に対して覚醒することはなかった。そのような慣性を克服するために、敵は悪魔の化身であり、絶対的で先天的な悪者として描かれなければならなかった。その敵国を無条件降伏に追い込んだとき、自分たちは再び黄金時代に戻るのだと言ってもらうことを人々は求めた。この類のない戦争が、すべての戦争を終わらせるだろう、この最後の戦争は、民主主義にとって安全な世界にするだろう、この十字軍は、全世界を民主政一つにするだろう、と。

この熱烈なナンセンスの結果として、世論はあまりにも毒を持つものとなり、人々は実行可能な平和に賛成しようとしなかった。人々は「フン族に対して少しでも優しさ」を示したり、「フン族の欲しがるもの」(2)に耳を傾けようとしたりする公人には一切反対したのである。

3　過ちのパターン

何が起こったのかを正しい視角から見るためには、私たちは、第一次世界大戦の終わりにおいて、唯一の勝者は西洋の自由民主主義国であったことを思い起こさなければならない。当時、一九一七年までスイスに亡命していたレーニンは、ロマノフ王家の帝国の支配者になるための闘争を始めたばかりであった。ムッソリーニは無名のジャーナリストだったし、ヒトラーを夢想する者は誰もいなかった。平和会議に参加した人々は、同じ規範と伝統を持つ人々であった。彼らは、市民的自由に対する尊敬が支配していた国々において、正当に選ばれた政府の首脳たちであった。大西洋からプリペット湿地〔ベラルーシ南部にある大湿地帯。ピンスク湿地とも呼ばれる〕に至るまでのヨーロッパが、彼らの軍事的支配権の内にあった。敵味方を問わず、すべての非民主的帝国は敗北と革命により破壊された。一九四五年と異なり一九一八年にはヤルタ協定などというものはなかったし、平和会議での取り決めに拒否権を行使するような異邦の外相はいなかった。

しかし、取り決めの条件が知らされるや否や、平和がドイツとのあいだに樹立されたのではなかったことが明らかとなった。自由民主主義国が失敗したのは、力の不足ゆえではなくて、政治的手腕の不足ゆえであった。世界の大部分は――革命下のロシアは別として――まだ自由民主主義国の勢力圏内にあり、その指導を受け入れ、決定に従順であり、また同一の経済内で活動し、同一の国際社会内に生活し、まだ話の通ずる同じ世界のなかで考えていた。それにもかかわらず、自由民主主義諸国は、秩序を回復することに失敗したのである。このような平和樹立の失敗の内に戦争の悪循環が引き起こされ、そのなかで西洋はあのような急激かつ劇的な凋落を蒙ったのである。

世論は和平を拒否し、取り決めを機能させなくしてしまった。そこで、新しい世代のドイツ人が成長すると、彼らは反抗したのである。ところが、その直前まで非武装のドイツ共和国と和平を結ぶにはあまりにも好戦的だった西洋民主主義国は、今度は、ヒトラーがヨーロッパに向けて起こすと宣言した戦争を防ぐためのリスクを冒すことができないほど、あまりにも平和主義的になっていた。戦争を阻止するためのリスクを拒んでおきながら、西洋民主主義国は、今度は戦争に対する準備をしようとはしなかった。ヨーロッパの民主主義国は非武装の宥和政策という二重の消極策に頼ることを選び、アメリカ民主主義は、非武装の孤立政策に頼ることを選んだのである。

戦争が阻止されずに訪れると、破滅的な悪循環が繰り返された。イギリス人が本気で戦争を始める前に、西欧はすでに撃破され占領されていた。そして西欧での大惨事の後、一八カ月にわたり決断ができない状態という苦悩の月日が過ぎ去った。どれほど議論と証拠と理由を重ねてもなしえなかったことを、真珠湾の奇襲と衝撃がアメリカ人に行わせたのである。

再び、人々を憎悪の発作とユートピア的な夢に駆り立てる以外に、精力的に戦争を行うことは不可能と思われた。そこで救いがたい悪者であるドイツ人と日本人を無条件に降伏させさえすれば、あらゆるところに「四つの自由」が確立されるだろうと人々は告げられた。敵はことごとく悪く連合国はほとんど完全だとしない限り、戦争には人気が得られなかった。このような有毒な憎悪心と激怒の正義心との混ぜ合わせのために、世論は、永続性ある解決のために必要となる計算済みの妥協を許そうとはしなくなった。人々を戦わせ、戦争の悲惨に耐えさせるよう駆り立てたプロパガンダによって、またもや人々は麻痺させられた。敵とのあいだの平和の到来や、またはかつてと同じように、今度の連合においても連合国間に生ずるに違いない意見の対立について、またもや人々は考えようとはしなかったし、彼らの指導者がそれを考えることを許そうともしなかった。このような大衆外交がどのような成果をあげたかということは、民主主義国が敵を非武装化してからまだ五年も経たないうちに、もうかつての敵であるドイツと日本に再武装を要請していたという事実によって証明される。

記録は次のことを示している。すなわち民主主義国の人々は、今世紀〔二〇世紀〕に主権者となってから、政府が戦争のため適切な準備をしたり、あるいは平和を実現したりすることをますます困難にしたということである。責任ある彼らの公職者は、強情でわがままな暴君に仕える大臣のようになってきた。重要局面のはざまで、世論が注意を寄せていなかったり、激しく湧き立っていなかったときは、責任ある当局者たちがしばしば極端な世論を回避したり、巧みに中庸と良識の方向に導いたりすることも可能であった。しかしながら、危機に際して民主主義国の当局者は、過ちを犯すという彼ら自身の人間的傾向のなおその上に、世論が固執する大きな過ちを犯すことを強いられた。最も偉大な人々でさえも、意見と感情との巨大な潮流を逆転させることはできなかった。

戦争と平和のどちらを選ぶのかという判断に際して、大衆の意見がなぜそのように誤る傾向があるかということについては、何の不思議もない。戦略的および外交的決断には——経験と老練な判断力は言うまでもなく——ある種の知識が求められる。それは、新聞を拾い読みしたり、ラジオ解説の断片を聴いたり、テレビに出演する政治家の所作を見たり、特別講演を聴いたり、二、三の本を読んだりすることによっては得ることはできない。それは脚を切断するかどうかを決める能力があるというようなことで足りることではないし、また戦争か平和か、武装するかしないか、介入するか撤退するか、戦うか交渉するか、どちらかを選ぶ能力があればよいというようなことで十分であるわけでもない。

その上通常は、決断が重大で緊急のときに、公衆はすべての真実を知らされることはないだろう。知らされるのは、多くの公衆に言えることでしかなく、実際の決断に必要な、複雑で、様々な限定の付された具体的な形で人々が聞くことはないだろう。疎遠でよく知ることのない複雑な事柄が一般大衆に伝達されるとき、真実は相当の、そしてしばしば根本的なゆがみを受ける。複雑なことが単純にされ、仮定的なことが独断的にされ、相対的なことが絶対的にされる。戦時には普通に行われる検閲とプロパガンダによる意図的な歪曲がないときでさえ、大衆の世論が事の真実を規則正しく迅速に理解するものと期待することはできない。世論というものには、私たち自身の希望や恐怖にかきたてられた流言を餌にするという傾向が内在しているのである。

4　民主的政治家

このような悲しむべき歴史の危機的瞬間に、人々の過ちに警告を発した傾聴に値する人々もいた。また検閲のないありのままの真実をその時に知ることができたために、正しい判断を下した人々も政府の内部には常に存在していた。しかし、近代民主主義の風潮は、通常、その人々の発言を促しはしなかった。なぜなら一般的な法則として、民主的な政治家（politicians）はあまりに早く正論を述べない方がよいからである。チャーチルがミュンヘン以前の一九三〇年代にやったことは例外であった。[*1] 拙速になればその報いとして政治的生命を失うことも多い。より早い事態の進行に対応しようとするよりも、世論の行進に歩調を合わせる方がはるかに安全なのである。

大衆感情の激しさと情熱に敏感な政府の官庁において、公人たちは、任期を確実に保障されてはいない。彼らは実質的には絶えず官職を求めていなければならず、いつもその政治生命を試されており、常に落ちつきのない選挙民のご機嫌を伺っていなければならない。独立性を奪われているのである。

民主的な政治家は、人々にあらゆる真実を話すような贅沢が許されるなどということは、稀にしか考えない(3)。そして話さないことは、思慮深くはあるが居心地が悪いので、政治家自身も気まずい真実をあまりにも多くあまりにも頻繁に聞く必要がなければ、その方が楽だと思うようになる。そうなると彼らのもとでニュースを報告したり集めたりする面々の方では、正しいことが流行りになる前には、間違っている方がより安全だと認識するようになるのである。

奇跡だとか変人とみなされるほどのごく稀な例外を除いて、成功する民主的政治家は、いつも不安で、おどおどした人間である。彼らが政治的に出世するには、なだめすかし、賄賂を贈ったり、そそのかしたり、だましたりするか、あるいは、投票者のなかで要求してきたり脅迫してきたりする輩を、何とかして操ることによってのみである。決定的な考慮事項は、その提案が良いかどうかではなく人気があるかどうかであり――つまりは、うまく実行できて良いことがわかるかどうかではなく、積極的に発言する選挙区の連中がそれをすぐに歓迎するかどうかである。政治家〔政治屋〕たちはこのような隷従を、民主主義において公人は人々の下僕なのだという言い習わしで弁護するのである。

このように統治能力が活力を奪われていることは、民主主義国家の病弊である。この病弊が進むにつれ、執行府は、選挙による議会の侵犯や簒奪を非常に受けやすくなる。政党の駆引き、組織された利益団体の代理人、様々な宗派やイデオロギーの代弁者などによって、執行府は圧迫され悩まされる。この病弊は致命的でさえある。もし戦争と平和、治安と財政、革命と秩序というような重大かつ困難な問題が決断を迫られている場合、公務員や専門家を持つ執行部や司法部がその決断の力を失っているとしたら、それは、まさに自由社会としての国家の存続すら危ういものにしかねないのである。

第3章　権力の錯乱

1　統治者と被治者

私が多数の人々と政府との関係の乱れを民主主義国家の病弊だと評するのは、いうまでもなく、健全な関係というものがあり、それは何であるかを私たちが知りうるはずであるということを暗に意味している。次にこの前提を検討してみなければならない。私たちは、一方に統治または執行の権力があり、他方に選挙された議会と選挙区の投票者があるとき、その両者の関係を調べようとする。そのためには、基本的な諸機能とそれらの関係が後の発展によって複雑化される前の、私たちの憲法の発展の素朴な起点、すなわち中世イングランド議会から始めるのが一番よい。

執行と代表の機能が分化する前は、健全であれ不健全であれ、そのような関係は存在しえなかった。原始社会ではこの二つの機能は分化していない。ノルマン朝やアンジュー朝の支配下においてもこの分化はまだ生じなかった。*1 この支配者たちは「行政とともに裁判も立法も行った」のである。(1) しかし一三世紀までにはすでに分化が目につくようになり、私たちがいま問題にしている基本的な関係が認められる。一二五四年、ヘンリー三世の下で発せられた議会召集の令状があるが、各州の長官は、「州民の全員および各員に代わって、他州の騎士とともに、王にささげる税金のことを相談するために、州民が選出した二人の善良にして思慮深き州騎士を国王の評議会に出頭させる(2)」よう命じられている。

私たちはその二元性に注意しよう。一方には政府があり、それは王と、高位聖職者と貴族からなる評議会を意味する。他方には州民を代表する州の騎士がいる。彼らは集い、王は騎士たちにいかなる援助をしてくれるのかを尋ねることとなっている。これが基本的な関係である。政府は実行できる。実行できるから、どのような実行がなされるべきかを決め、その方法を提案する。その上で政府は、その決定を実施するための手段について、金と人員を供給すべき人々の代表者に求める。被治者は、彼らの代表者たる各州から二人ずつの騎士を通じて、それに同意を与えたり拒否したりする。

このような支配者と被支配者との二つの力の緊張と均衡から、憲法上の成文不文の契約が発展した。被支配者による税金の承認の前に、支配者は彼らの不満を取り除かなければならない。もし政府が請願をきかず、被治者の代表として選ばれた人々に報告を伝えず、協議もせず、そしてその同意を得ることができなければ、政府は統治の手段を拒絶されることになるのである。

執行部は、国家における能動的な権力であり、要請し提案する権力である。代表議会は、同意を与える権力であり、請願、賛成、批判、容認、そして拒絶する権力である。秩序と自由が必要ならば、この二つの権力はともに欠かすことができない。しかし、各々の権力は、それ自身の性質に忠実でなければならず、互いに他を制限し補完しなければならない。政府は統治することができなくてはならないし、市民は抑圧されないために代表を送らなければならない。このシステムの健全さは、この二つの力の関係にかかっている。もし一方が他方の機能を吸収するなり破壊するなりすれば、憲法は錯乱状態に陥る。

事の本質に根ざす――と私はあえて言おう――ところの、統治者と被治者との関係がここにある。類推による推論の危険を恐れず言えば、政治的社会におけるこのような機能の二元性は、男女という二つの性の関係と似たところがある。生殖行為において、それぞれの性は変えがたい肉体的機能を持っている。もしこの機能が活力を奪われたり、他の性の機能と混同されたりすれば、その結果は不妊と混乱である。

国家の最終的行為における論点は、戦争と平和、治安と財政、秩序と反乱といったことである。このような最終的行為において執行権は、代表議会によっては行使されえないが、さりとて議会を抑圧してしまっても、この権力を行使することはできない。なぜならば、この二つの根元的な機能が錯乱するところに、災厄の種が存するからである。

2　人々と投票者

チューダー革命〔チューダー朝において、一五三〇年代に立憲的・制限的王政への大きな変化が生じたという説〕についての最近の〔研究した〕歴史家G・R・エルトン氏〔一九二一－一九九四。テューダー朝時代を専門としたドイツ生まれのイギリスの歴史家〕は、次のように言っている。

「私たちの歴史はいまなお多く、政治的自由の擁護者であるホイッグ派によって書かれている」。そして「暴政に対する防衛については、すでに長らく理解され、またたびたび記述されてきたが――無政府状態《アナーキー》を防ぎ秩序を維持する強力な支配については、さらに多くの究明が求められている」と。彼はさらに続けて、人々があまりに無秩序に苦しめられたために、自由な政府よりも強い政府の方を選ぶほど、自ら好んで支配されようとする時代というものがあり、チューダー朝の時代はその一つであり、私たちの時代もその一つに加えてよいだろうとも言っている。

西洋の自由民主主義国は、人間の様々な問題において凋落しつつある力である。それは、増大する無秩序への対処をできなくさせている政府機能の錯乱のためであると、私は論じたい。この病弊は治せるものなのか、自然の経過を辿らざるをえないものなのかは私には言えないし、確実に知ることなどできようはずがない。しかし、この病弊を治すことができなければ、暴政に対する防壁を腐蝕し続け、西洋の失敗は、自由が失われ、もう一度革命をやるのでなければ再び取りもどすことはできないかもしれない、と言うことはできる。いまそれを治療するか、それとも破局の後に回復するか、そのどちらになろうとも、私たちがまずなさねばならぬことは、上述の二つの機能について、その本質とその錯乱に関する適切な知識を得るように努力するということである。

そのためには、初めに「人々〔人民〕(the people)」という言葉の曖昧さを減らすことが必要である。というのは、それが二つの違った意味を持っているからであり、活字の上で区別する方が好都合かもしれないのである。[*2] 私たちが人民主権(popular sovereignty)について語るとき、投票者としての人々のことであるのか、それとも先人や後継者も含めた、全住民のコミュニティ〔共同体〕としての人々のことであるのかを識別しなければならない。

投票者としての人々の意見を、歴史的コミュニティとしての人々の利益の表現として扱ってもよいとしばしば仮定されている。とは言え、正当な根拠はない。近代民主主義の重大な問題は、この仮定が偽りであるという事実から生ずる。投票者が人々を代表するものとあてにするわけにはいかない。選挙における投票者の意見は、コミュニティの死活的関心事に対する真の判断として、疑問の余地なく受け入れられるべきものではない。

たとえば合衆国憲法の前文に、「私たち合衆国の人民は……この憲法を制定する」と述べているのは、いったい誰について言っているのであろうか。一七八七年九月一七日、去る五月二五日以来、一一六日かけて作成した草案に署名したのは、およそ四〇人であった。その本文第七条で、九つの州の会議で批准されれば、この九州でもって合衆国の人民は憲法を制定して確立したことになると規定していた。この文脈では、九州の会議に選出された代表者たちの多数派が、合衆国の人民〔人々〕として行動する資格を持つとみなされたわけである。

この代表者に投票する資格を与えられた合衆国住民は、大した数ではなかった。そのなかには奴隷も女性も含まれなかったし、ニューヨーク州を除いて、財産その他の極めて制限的な資格審査を通ることのできた成年男子だけが含まれた。私たちは正確な数字は持っていない。しかし、一七九〇年の国勢調査によれば、人口は三九二万九七八二人であった。このなかで、三二万人が自由人で、そのうち投票資格が与えられた成年男子は、五万人以下であったと考えられる。マサチューセッツの数字を統計のサンプルとして使うと、一六万人以下の人々が、すべての批准会議への代表者を選ぶため投票し、そしてこれらの投票者のなかで憲法の採択に賛成したのは、約一〇万人であった。(3)

正確な数字が問題なのではない。問題は、投票者は全人口のごく一部分にすぎず、さらに言うならば、それ以上であったことはないしまたありえないという点にある。憲法が制定されたときは、投票者は五％以下であった。南部での特殊な事情を別にして、私たちが成年普通選挙を行った一九五二年でも、投票者はまだ四〇％にならなかった。明らかに投票者は、全人口と同数ではありえないし、成年の全人口とさえ同数ではありえない。

投票者としての人々と、統合体的な国民としての人々とのあいだの、このような不一致のために、投票者は自分たちを共和国《コモンウエルス》の所有者と考える資格もないし、自分たちの利害が公共的利益と同一だと主張する資格もない。優勢な投票者の多数といえども人民（*The People*）ではない。彼らが人民であるという主張は、代表議会による執行権力の簒奪と、扇動的な政治家による公人への威嚇を正当化するための訴えとして持ち出された、偽りの肩書である。事実、この民衆扇動は、投票者としての人民の一分派に、人民という権威を帯びさせるためのペテンだと言ってよい。あれほど多くの犯罪が人民の名において行われるのは、正にそのためである。

人民の意味について、このような分析的な区別を否認する著名な政治哲学者がいる。近代人にありがちな強力な唯名論的な考え方の人々は、統合体〔団体〕（corporate）の人々という抽象的な概念を単なる言葉にすぎず、むしろ幽霊を呪文で呼び出すようにみなすのである。かくて、確固たる唯名論者であるジェレミー・ベンサムによれば「コミュニティというものは、個々の人間によって構成される擬制的な体（body）である。それは、言わば構成員である個々人から構成されている。それではそのコミュニティの利益とは何であるかと言えば——それを構成する数人の構成員の利益の総計にほかならない(4)」。

この発言には、一見、強靭さがあり、経験的な事実に即しているように見える。しかしこの氷は硬く見えても薄い。なぜならベンサムは、コミュニティを「構成する数人の構成員」がいつでも全く同一の構成員なのではないということを忘れているからである。もしコミュニティというものが彼の言うようなものであるとしたら、その構成員の氏名録を各人の住所もつけて作ることが、理論上は可能なはずである。しかしいまだかつて、そのようなリストを編纂することはできなかった。そのリストが編纂されている間に新しい構成員が生まれ、古い構成員は亡くなりつつということになるだろう。それゆえ、憲法を制定した「合衆国の人民」なるものを、合衆国憲法が制定して確立された一七八八年六月二一日という、まさにその日の合衆国住民であるとするのは意味をなさない。その歴史的な一日の日出から日没までのあいだにも、人民を構成する人間は変化していた。三〇年間で彼らはさらに大きく変わっており、そして一〇〇年の間では完全に入れ替わっているのである。

それゆえ人民というのは、ベンサムが考えるような、生きている人間の集合体であるだけではない。個々人からなる流れでもあり、変わりゆく人々の何世代もの連なりでもある。それはバークが、「現に生きている人々のあいだのみならず」同時に「すでに死んだ人々と、これから生まれる人々」とのあいだの連携性《パートナーシップ》に訴えたとき語っていたものであった。人民とはすなわち、個々の人間が入ったり去ったりしながらも、生きつづけているところの一つの統合体〔法人〕(corporation) であり、一つの実在物なのである。

このような理由から、コミュニティの利益は、特定の瞬間にたまたまそれを構成する数人の構成員の利益の総計にすぎないと言ったベンサムは、正しくはありえなかった。そしてまた彼が、「コミュニティを構成している個々人の幸福、すなわち彼らの快楽と安全こそ立法者が考慮すべき目的であり、しかも唯一の目的である」と言ったのも、正しいはずがなかった。(5)

なぜなら、そのときどきにコミュニティを構成している個々人の幸福と安全のほかに、時代から時代へと連続してコミュニティを構成するであろう個々人の幸福と安全もあるからである。個人という言葉だけでコミュニティを考えるならば、人民という統合体〔法人〕は、ほとんどの部分について見ることも聞くこともできない。たしかに、多くのものはすでに亡く、多くのものはまだ生まれていないのだから、全体としては実在しない。しかし、なおこの統合体的存在は、私たちの感覚には実在していなくても、バークの言葉を借りれば「空気のように軽いが、鉄鎖のように強くもある紐帯」(6)でもって、人間をその人の国に結びつけているのである。そこに、青年が国のために戦って死に、老人が生きているうちにその下に座れなくても、なお木を植えておくゆえんがある。

この見ることも聞くこともできない、そして大部分は実在しないコミュニティ〔共同体〕が、政府の必要な目的に理性的な意味を与える。もし私たちがそのことを否定し、ベンサムが言ったように人々を「彼らの快楽と安全」のために投票する大多数と同一視するなら、ネーション〔国民〕はそもそもどこにあり、何であるのか、そして公共的利益を守るのは果たして誰の任務であり仕事であるというのだろうか。ベンサムの言う通りに考えるならば、国家は、いろいろの徒党の生存と支配のための闘争で目前の便宜を争う舞台にすぎないことになってしまう。人々を結びつけている目に見えない超越的なコミュニティがないと言うならば、人々は何のために子孫を大切にしなければならないのであろうか。そしてまた、子孫は何のために人々を大切にし、人々の結んだ条約や契約や、その献身や約束を大切にしなければならないのであろうか。しかし、将来に対するこれらの関わりなしには、子孫は生きることも働くこともできなかったし、これらの関わりがなければ、社会という織物はほぐされることなく、寸断されてしまうのである。

3　新たに選挙権を得た投票者

人民主権という教説は古く、尊重すべきものである。しかし、一九世紀の後半頃までは、それは人々への選挙権付与を意味しなかった。たとえば、八〇〇年にシャルルマーニュ〔カール大帝〕が戴冠したとき、人々の意志を宣言すると法王は公言した。このことは「仮想的代表（virtual representation）[7]」の原理と呼ばれた。選挙権がないために投票しない者も、または子どもであるか生まれていないため投票できない者も、彼らの名において発言する法王や国王、議会のような誰かによって代表されるものとみなされるのである。

八〇〇年の戴冠によって、〔ローマ〕帝国はギリシア人からゲルマン人の手に移りつつあった。なぜビザンチンの皇帝でなくゲルマンの王侯が、それ以後ローマ皇帝の合法的な継承者となるかを説明する理由が必要となった。皇帝の地位は世襲ではなかったが、いずれにしても、カール大帝は血族関係であると主張はできなかった。皇帝は法王によって任命されたのではなかった。選挙侯団に属するゲルマンの王侯によって選ばれたのである。そこでカール大帝がローマ皇帝の正統な後継者であるということを正当化し、すべての人にそう信じさせるための教説が必要だったのである。

新しい帝国の国際法学者は「ローマ皇帝の支配権の後継者として皇帝権力は、もともと王法において人々によりなされた譲渡行為にもとづく」という一般に認められた理論を根拠にした。(8) 彼らは、皇帝権の創始時に一度起こったことは、皇帝が空位になったときにはいつでも、再び起こらなければならないと論じた。最高支配権はその場合には、「人々に復帰ないし元に戻る」し、人々は新皇帝を選ばなければならないのだから、人々は帝国をある国民から他の国民へ――この場合にはギリシア人からゲルマン人へ――「移す (translate)」こともできるというのである。もとよりこの権力を持つとみなされていた「人々」は、投票権も、彼らの意志を表明するその他のいかなる手段も持っていなかったのは言うまでもない。人々は彼らのためにその権力が行使されることを希望するものとみなされた。シャルルマーニュの戴冠式では、法王がそれをなした。すなわち法王は「単に人々の意志を表明し、実行しただけである」。

これらのこととはすべて、ずっと前の昔のことで遠く離れているように思える。しかし私たちが仮想的代表を否認するとしても、「もし法王または国王、または有力者からなる議会が人民を代表することができないなら、投票者の多数がどのようにして人民の意志を真に表明し行使するのか」という疑問は残る。法王が人々を代表すべきなどということは、近代人の耳にはいかにも不適合に聞こえる。しかし、人々が、ある人々の投票の勘定で代表されるべきということは、それほど適合的であろうか。統合体〔法人〕としての人民が主権の真の所有者であるにもかかわらず、投票者の集積としての人民は、多様な対立する自己中心的な利益と意見を持っているという事実から、難問が生じる。複数性のある投票者を、統合体的な国民（nation）を代表するものと数えることはできない。

私が思案している区別は、投票者の数が非常に多くなれば大事ではなくなると思う人がいるかもしれないが、そうではない。多数の投票者は、実際的には人々全員と同等のものであるとは考えられないだろうか？　考えられない。いくら投票者が増えても、彼らの多数者が真に公共的利益を代表するという蓋然性が増すわけではない。二〇世紀における大衆選挙についての私たちの経験からは、その反対の結論を余儀なくされると思う。すなわち、情報が伝えられ議論が向けられるべき大衆が、一層大きく一層異質になればなるほど、世論は、ますます現実から遠のくのである。

現代の私たちが知るような政治的民主主義が、ごく最近の政治現象だということを自覚するならば、これらすべてのことは、より奇妙ではなくなるだろう。普通選挙に賛成する道徳的想定は、おそらく、一八世紀末のアメリカ革命とフランス革命によって規定されたと言ってよいだろう。しかし、（一九世紀末まで）普通選挙に向けての実際の進展は、実のところ、断続的かつ緩慢であった。一九〇〇年にはイギリスの投票者は人口のたった一一％であり、一九二二年には、四三％であった。一九一八年の国民代表法（Representation of the People Act）は極度に複雑な投票の諸規則を単純なものにし、かつ三〇歳で職業を持つ女性に選挙権を拡大することにより、選挙民の数をほぼ三倍にした。フランスでは投票者は一八八一年の選挙で人口の二七％、一九五一年には四五％であった。西欧および北欧の大部分では一九世紀の最後の四半期までは、人口に対する投票者の割合は、五％以下にすぎなかった。一八九〇年アメリカにおける投票者は人口の約一五％であった。この割合が三〇％を上回ったのはようやく第一次世界大戦後のことであり、女性、そしてある程度は南部の黒人に対する参政権付与によるものであった。

膨大な有権者大衆というものはごく新しく、自由な国家の理想、理念、制度や慣習よりもはるかに新しいものである。政治的演説者は、人民大衆は投票によって自らの自由を得たのだと想定していることが多い。しかし事実としては、大衆は自由を得たあとで投票権を獲得したのであり、また現実には、主として、投票できないということは平等な尊厳と相容れないと自由人たちが感じたために、投票権を獲得したのであった。(9) 連合王国〔イギリス〕では、権利章典（一六八九年）は、普通選挙より二世紀以上も先立つ。すべての権力は法の下にあり、法は適正な手続きで作られ、修正され、執行されねばならず、正統な政府は被治者の同意を得ねばならないという規則は、選挙権を与えられた人々が樹立したものではなかったのである。

私がこのことを縷々と述べたのは、次のような事実を照射するためである。それは今世紀の経験としてとても当惑させられることだが、選挙権を与えられた大衆は、驚くべきことに、自由な諸制度を最も断固として守る人々ではなかったということである。

第4章　公共的利益

1　公共的利益とは何か

私たちが検討しているのは、「長期にわたる目に見えないコミュニティ〔共同体〕の利益が、近代国家の統治という実際的な仕事のなかで、いかにして、また誰によって代表されるのか」という問題である。

通常の状況では投票者たちは自らの特殊で地域的な、そして自己に関する意見を超えることを期待されることはありえない。それはあたかも谷間で働いている人に、山の頂きから眺めるようにその土地を見ることを期待するようなものである。それは、私人としてはすぐに乗り越えることのできない状況だが、そこにおいて投票者たちは、明らかに自分たちにとって良いと思えることは国のためにも良いことであり、神の前でも良いことに違いないと、しばしば考えがちである。

投票者たちにはその個別の意見や利益を表す資格はない、などと言うつもりはない。ただ彼らの意見や利益は、そういうものであって、それ以上のものではないと受け取られなければならない。それとしては、公共的利益における命題にはならないのである。それが、もし本当のものであったとしても、さまざまな投票者のグループが考えていることの真の報告であるという以上には、何ら内在的な権威を持つものではない。ギャラップ社〔アメリカの心理学者・企業家ジョージ・ギャラップにより、一九三五年に設立されたアメリカ世論研究所を前身とし、世論調査を行う。その調査はギャラップ調査として、国際的に知られる〕の調査は、人々が何を考えているかについての報告である。しかし、その調査のサンプルとなった人々の多数が何かを考えているということは、それが健全な公共政策であるか否かとは関係がない。というのは、人々が重大問題について評価する機会は、事の本質からして限られているし、人々の意見を統計的に総計してみても、ある問題についての最終的判決にはならないからである。それはむしろ、議論の出発点なのである。議論のなかで人々の意見を、公共的利益を擁護し促進する執行部の見解と突き合わせる必要がある。その双方の見解を調整して、実際の公共政策へと到達するのである。

次の問いを考えてみよう。公共的利益は、いったいどのようにして見極められ評価されるのだろうか。上に述べてきたところからして、まだ生まれてもいない全有権者をも含めた見えざるコミュニティ自身に、もし投票する機会があったとして、表明するであろうこと、するかもしれないことを予想しようとしてみても、この問いに答えることはできないことはわかる。公共的利益を見出すための、想像上の人民投票《プレビシット》*1という観念をもてあそんでも、何にもならない。私たち自身すら、五年後に何を考えているかはわからないし、まして、いまゆりかごの中にいる赤ん坊が、将来投票所に行くときに何を考えるかは、もっとわからない。

しかし、人々の利益は、今日私たちが観ているように、公共的利益に含まれる。現に生きている大人も同じ公共的利益を共有していると私たちは信じなければならない。しかしながら人々にとっては、公共的利益は私的で特殊な利益と混ぜあわされていて、〔両者は〕しばしば衝突する。このように考えると、私が思うに、公共的利益とは、もし人々が明晰に見て、理性的に考え、私心なく博愛的に行動するとすれば、選ぶであろうものと推定することができよう。

2　現実の等式

現実の世界で行動する理性的な人間とは、その人が希望するものと実際になしうるものとのあいだで均衡《バランス》を取る人であると定義してよいかもしれない。欲すれば何事もなしうるというのは、想像の世界においてだけである。現実の世界では、可能なことと望むこととのあいだには、調整しなければならない等式が常にある。さまざまな限界のなかで、人はどこで均衡をとるかを自由に選択することができる。出来高払いの仕事で生計を立てるとすれば、多く働いて多く使うこともできるし、少なく働いて少なく使うこともできる。しかし多く使って、しかも少なく働くということはできない。

日常的諸問題では現実は、長く入り組んだ一連の等式として私たちに立ちはだかる。私たちが「生活の事実」と呼びがちなものは、収支計算書であり、予算であり、戦闘命令であり、選挙結果なのである。いつもではないものの、この方程式の二辺は、貨幣という単位で数量化され、需要と供給、収入と支出、資産と負債、輸出と輸入などといったように表されうる。有効な選択は、等式の他辺の項と均衡を取るかどうかではなく、どこで均衡を取るかという問題に限られている。なぜなら、常に勘定〔会計計算〕が行われているからである。

公共生活においては、例えば予算では、支出を削減して税収入と均衡をとるか、支出に見合うように増税するか、もしくはこの二つの方法を併用してもよいし、借金しても、他の政府からの無償援助によっても、公債によっても、あるいはそれらを併用して均衡を取ってもよい。どのような方法を取るにしても、予算は、事実、常に均衡を保っている。だから「不均衡予算」と言う代わりに、むしろ税金ではなく借金によって均衡をとった予算とか、インフレーションによって均衡をとった予算とか、または補助金で均衡をとった予算とか言った方が、勘定の真の性質がもっとはっきりするだろう。税金、借款、外国の援助、不換紙幣の受け入れによって十分な金を調達できない政府は、手形を支払ったり、雇用者に俸給を支払ったりすることができないだろう。破産となれば、破産について自らの意思ではない均衡が押しつけられる。支出を収入の水準にまで削減することによって、自らの勘定を均衡させるように強いられるのである。

公人が心に留めておかなければならない限界の内で、予算をどこで均衡させるかは自由に選択の余地がある。しかしその選択をするには、公人は新しい等式に直面する。増税で予算を均衡させることができるとしても、どの位まで増税できるのか？　いくらかはできても、無限にできるものではない。そこに固定した基準はない。私たちはすべての方程式を量的に表現することはできないとしても、その理由から等式を均衡させないでよいということにはならない。後に勘定が行われることになる〔からである〕。実際の判断には、事実に基づいた推量が必要である。すなわちどの程度であれば、納税者はすぐに同意するだろうか、不平は言ってもそれ以上には悪くならないで承諾するだろうか、起き上がって抵抗したり逃避したりするだろうか？　平時、戦時、冷戦時、社会的経済的に騒動が起こっている時などにおいて、異なる課税の水準に対し、納税者はどのように反応するだろうか？　さまざまな案を正確な数字に換算できないとしても、賢慮ある人は、等式がつり合うように見積りをするのである。

収支の計算をどこでつり合わせるかという決定には、ほかの判断も含まれなければならない。――たとえば、外交との関係で軍事費をどうするか。需要が増大または減小するために生ずる必要性について経済循環の局面はどうか。国際収支の状況はどうか。公共事業と福祉の手段のなかでどれが必要であって、望ましくはあるが不可欠とは言えないのはどれか。それぞれの判断は、それ自身が方程式のピラミッドの〔つり合いをとる〕頂上なのである。すなわち、たとえば――世界の他の地点での決定の効果を考慮に入れた上で、世界におけるあれこれの地点において国家的関与を拡大するのか縮小するのか。

そこで、公共政策は等式という分野で作られると言ってもよいだろう。問題はどこでつり合いをとるべきかについての選択である。物事の現実においては、XはYと等価であることが必要である。そのときどきの事例の特殊な性格の許容する限界内で――この限界は見積られなければならない――等式の項に加えるか引くかすることによって、均衡をとらなければならない。

等式の両辺は、一方が他方と較べて、より心地よく、好ましく、人気があるというように、たいてい異なっている。概して、より楽で安易な側は私たちの欲望を反映し、より厳しい側は、その欲望を満たすために必要なものを反映している。戦争と平和、支払い能力、安全および秩序というような由々しき方程式には、困難な方か気楽な方か、心地よい方か苦痛な方か、人気のある方か不人気の方かという選択肢がいつも含まれている。そして票を集めやすいのは、課税よりも充当であり、生産を促すよりも消費を促すことであり、市場を開拓するよりもそれを守ることであり、デフレよりもインフレであり、貯蓄よりも借金であり、妥協よりも要求であり、交渉よりも強硬姿勢であり、戦争への準備よりも戦争への脅迫である。

このように厳しい方と楽な方との、どちらを選ぶかという問題に直面すると、投票者の最大多数を喜ばそうとするのが、民主的政府の普通の傾向である。有権者の圧力は、通常は等式の左右のなかで楽な方へと向かう。それゆえに、選ばれた議会や大衆世論が国家内で決定力を持つようになるとき、また投票者の傾向に抗う政治家（statesmen）がいないとき、そして投票者を興奮させて食い物にする政治屋（politicians）しかいないとき、政府は現実に対処することができないのである。

それで、重力のように下方に引かれる一般的傾向が生ずる。それは、支払い不能の方へ、派閥争いによる不安定の方へ、自由の腐蝕の方へ、そして無限に拡大する戦争の方へと引きずり下されてゆく傾向である。

第5章　二つの機能

1　選挙による執行部〔行政〕

以上の探究から、人民政府（popular government）を当然と考え、その原則が定められていて議論の余地がないかのように考えることはできないということが示されたと思う。「文明世界に近代的な形態で導入されて以来、人民政府の現実の歴史」は「その前途に限りない将来性を持っている、という仮定を支持させるようなことをほとんどしていない。むしろ経験は、それに極めて脆弱という特徴があり、その出現以来、あらゆる政府の形態が、以前よりもずっと不安定になったことを示している」(1)と、およそ七〇年前ヘンリー・メイン卿が述べたことに、私たちは共鳴せざるをえない。

メイン卿が言及した脆弱性の原因として、私たちは、執行権の無力化のことを縷々と述べてきた。そしてそれは、一方での執行権と、他方での代表議会および投票者大衆との関係における機能的錯乱から生ずる無秩序であると説いてきたのである。

民主主義国家がこの錯乱に陥りやすいのは、執行部〔行政〕が選挙に依存する場合、選挙による議会よりも生来、弱いからである。民主主義国家において、通常、権力の放水路は統治の中心から、選挙区へと流れている。(2) そして選挙の通常の傾向は、選出された公職者を、組織化された多元性の代理人の役割に落とすことである。近代の民主的政府は確かに、人員が多く、プロジェクトが広範囲にわたり多様で、あらゆるところに干渉するという点で、大きな政府である。しかし大きいということは、必ずしも強いということではない。事実、大きな政府は強いというより膨張しただけであり、特殊利益団体や各省の官僚主義の圧力に抵抗するには、あまりにも弱いのである。

概して、選挙という市場における競争は、「悪貨が良貨を駆逐する」というグレシャムの法則と同じように機能する。ブリストルの投票者に対してバークが行ったように、[*1] 自分の最善の理性と判断に忠実に行動すると約束するような候補者には、まずもって勝ち目はない。投票集団の代理人、受託者、スポークスマン、走り使いになろうという候補者に常に勝ち目があるのである。

近代民主主義国においては、執行部の首長は選挙で選ばれなければならない。しかし世襲、掟、聖職、位階、階序といったものが、近代性という酸によって溶かされていくにつれ、執行部は全面的に選挙に依存するようになる。世論の潮流に抗して公共的利益を守るための力を与えてくれるような、自らの良心を補強する地位と身分保障を彼らは何も持っていないのである。

首長の在任期間は短く、その職を保持するため、彼らは策を巡らし、種々の派閥や圧力団体間の連携を巧みに操らなければならない。これらの連携を引きつけてまとめられるように、自分たちの政策を選択し形成しなければならない。コミュニティ〔共同体〕がいつものあり方を超えて、団結と同朋愛の中に高揚する「最良の時」もないではない。しかしこのような瞬間はまれである。それは民主主義における日常生活の姿ではなく、夢の中での奇跡のように記憶に残るだけである。民主政治の日常生活においては、選ばれた執行部は、選挙民という鏡から長く目を離すことができない。彼らは窓からその外の真実を、あまりに多く見てはならないのである。

2　執行部の保護

一九世紀の間、善良な民主主義者は、議会への代表を確保することと、執行権の上に議会の統制を拡大することに主として関心を持っていた。なるほど議会によって踏みつけられ支配される不十分な執行部になってよいかという問題が、フィラデルフィア会議での建国の父祖達たちの心中に大きくあったことは事実であるし、またその問題は、民主主義に対する批判者や反対論者の継続的な関心事であった。しかし二〇世紀になるまでこの問題は、明確かつ緊急な問題とはされなかった。そのような問題もあるということはよく知られていた。しかし差し迫った問題ではなかったのである。[3]

一九一四年以前の数世代において、西洋は良好な政治的気象を享受していた。その上、実現されつつあった全人口への参政権拡大、〔身分〕解放と世俗化の完全な実施は、まだその帰結を生じてはいなかった。政府はまだ議会や選挙民から独立した権威と権力を持っていた。政府はなお、掟や世襲的な特権、聖職の授任といった伝統的な権威の源泉を利用することができた。

それでも、代表議会や大衆世論から執行権と司法権を守る必要性は、長い間理解されていた。[4] 政党や派閥、院外団《ロビー》や党派《セクト》の圧力を和らげ、中立化し、牽制し、均衡させるために、様々な手法が工夫された。ブライス〔卿〕によれば、その手法には二つの一般的な型がある。その一つは議会に憲法的な制限を課することであり、もう一つはそれを弱めるために「人民の全権力を分割することによるもの」であった。(5) このことは、立法府と執行府を別々に選ぶとか、上院と下院を異なった選挙区制で異なった時期に選挙させることによってなされた。

憲法上の機構は、それだけでは執行部を守るに決して十分ではなかった。司法と執行・行政の機能を、「政治」や「政治家〔政治屋〕」の重圧から隔離するような他の方法を見出すために、多くの創意がなされ改良のエネルギーが注がれた。その目的は、これらの機能を選挙過程から切り離すことであった。司法部は恐怖や贔屓の影響を受けてはならない。法廷の判決と選挙結果との間に一切の関係があってはならない。文官や武官、外交官の業務、科学的・技術的な業務、半司法的な行政裁判所、調査委員会、公立学校、学術機関などは、実質的に選挙から独立していなければならない。これらの改革は、猟官制《スポイルズ・システム》の恐るべき効果に鑑みて引き起こされ、明白な弊害に対する実際的な救済手段として推進されたのである。

これらの改革のなかには、しっかりと適用されれば、近代民主政の混乱の根本原因に達するような原理が暗に含まれている。すなわち、たとえ投票者によって選挙され、または選挙された人々によって任命されるとしても、公職者が第一義的に忠誠を捧げるべきものは、投票者の意見に対してではない。法、職務基準、仕事における学芸と科学への誠実さ、尊重を誓う規則の枠組みにおける義務への良心的で責任のある信念なのである。

3　投票者と執行部

その暗示されている原理は、別の言葉で言えば、投票者は支配者を選ぶ一方で、支配者の一部を共有しているわけではなく、支配者に命令する権利を持つわけでもないと定義されるかもしれない。支配者の義務はその職務に対するものであり、投票者に対するものではない。また投票者の義務は、職務にあたる人を満たすことであって、その人に指図をすることではない。すでに述べたように、この原理は、民主主義において公人（public men）は人々（すなわち投票者）の公僕（すなわち代理人）であるという通俗的見解に反している。政治というゲームが行われるなかで、私が述べていることは、最初は完徳の勧め〔実行可能な理想論〕のように見えるに違いない。

しかしながら、これは抽象的で空虚な、わずかな理論化とは考えられない理由がある。その一つが、比較的最近まで、俗界と宗教界とを問わず、統治者の選挙が通常実施される際の原理であったということである。

「使徒言行録」第六章の述べるところによれば、初期の教会において、十二使徒は多くの弟子たちを呼んで「あなたがたの中から、霊と知恵に満ちた評判の良い人を七人探しなさい。彼らにその仕事を任せよう」と言った。これらの人々が選ばれ、祈ったときに、「使徒たちは、……彼らの上に手を置いた」。こうして任命されてから彼らは、自分たちを選んだ多くの人々の僕ではなくて、神の僕となった。

この原則は法王の選挙にも当てはまった。スアレス〔フランシスコ・――。一五四八－一六一七。スペインの哲学者・神学者〕が言うように「法王は枢機官によって選ばれるが、その力は神から直々にうける」[6]。同じ原則が選出される国王にもあてはまる。投票者が国王を選んだ後に、国王は戴冠され聖油を塗られた〔聖別された〕。それから後、彼の義務は、彼の誓いに対してであって、投票者に対してではなかった。選挙という行為は、投票者に対して支配者を拘束するものではなかった。双方のやりとりは、公職だけに向かってのものであった。投票者はその公職にふさわしい国王を選定し、国王は彼にふさわしい公職についたのである。

よくよく考えてみれば、投票者が選ぶのは、政府に対して彼らを代表する人ではなく、統治者そのものなのであり、それが選挙の原理でなければならないことに気がつく。十分に認識されてはいないものの、執行者を選ぶのと代議士を選ぶのとには大きな違いがある。というのは、執行者はその名誉にかけても自分を投票者の代理人と考えてはならないが、代議士は理性と一般的な公共的利益の範囲内で、投票者の代理人であることが期待されるからである[7]。

この区別は、西洋社会の政治的経験のなかに深く根ざしており、原理として認識されてはいなくとも、私たちの道徳的な判断の中に暗に存在している。法廷で訴訟を争う人は誰でも、弁護士によって代理される資格があり、その弁護士は、法と職業的実践の規則の範囲内で、依頼者《クライアント》の味方としてそのために弁護してくれるものと、私たちは思っている。しかしここに同時にある想定は、訴訟の相手方もまた効果的に代表されるだろうということのみならず、訴訟が行われる法廷で裁判官は弁護者ではなく依頼人もいないということである。裁判官は法律上の宣誓によって拘束されている。それと同じ倫理的規準が、それと同じほどは厳格に適用されなくても、政府の執行部門においても認識されるのである。大統領であっても各長官であっても、依頼人や圧力団体、あるいは自身の所属政党ですらも、それらの利益を図るために、自らの公職を利用することを認めることはできない。その人物の行為は、その就任宣誓に従って、いいかえれば無私で理性的に、行われているということが示されなければならない。彼は、票を得るために公共善を犠牲にすること、すなわち「政治」を演じていることを率直に認めてはならない。まさにそのようなことは十分に頻繁に行われている。しかし公共的利益に対する忠義こそは、彼の美徳である。だからもっとも少なくとも、偽善的だとしても公共的利益に敬意を払わなければならない。

問題を代表議会に移すと、イメージは異なってくる。倫理的規則は適用されるとしても、ゆるく軽いものである。代議士はかなりの程度に代理人であって、その美徳のイメージは、裁判官よりもむしろ弁護士のそれに似ている。宣戦や条約の批准について発言し投票しなければならない場合のように、代議士が事実上国家の重要な公職の一つを占めているようなこともちろんある。しかし議会で行われる日常的な仕事の一般的な遂行においては、選挙区民の利益と感情に寄り添い、道理のある範囲内で選挙区民を支援するためにできることをする資格があるし、実際に義務としてそうしなければならないのである。なぜなら、投票者が有効に代表されることは、文明国家の自由と秩序のため不可欠だからである。しかし、代表は統治と混同されてはならないのである。

4　弱体化した執行部

民主的政府の病弊を理解しようと努めて、その下に横たわる機能の二重性について私は縷説してきた。一つは法の執行と立法のイニシアチブという統治であり、もう一つはいま生きている被治者の代表であり、被治者は統治され、税を支払い、労働し、戦い、そして時にはその政府の行為によって死ななければならないのである。私は二〇世紀の民主政の苦難は、これらの根本的機能の錯乱が原因と考える。

執行権は、代表議会と大衆世論の圧力によりしばしば無能力寸前にまで弱体化された。統治権のこのような錯乱のために、民主主義国家は、破滅的な、そして致命的でありうる誤りを犯した。それはまた、全部ではないとしても大部分の民主主義国家の議会を、局所的で個人的な権利の擁護者から、親分に支配されている寡頭政治へと変容させ、その寡頭政は国家の安全、支払い能力、自由を危うくさせている。

西洋社会の伝統において、文明化された政府は次のような仮定の下に樹立されている。それは、二つの機能を行使する二つの権力が均衡を保つ——すなわち互いに牽制、抑制、補償し、補い、活気を吹き込んで活性化するというものである。

今世紀〔二〇世紀〕になり、この二つの権力の均衡は著しく動揺した。二つの大きな進化の潮流が近代民主主義国に流れ込み、執行権の活力を奪い、弱め、骨抜きにしている。一つは、主として戦争と再建を理由とする公的支出の巨大な膨脹であり、それが、執行部の依存する財政支出を議決する議会の権力を増大させた。執行権を弱める役割を果たしたもう一つの展開は、民主主義国家の大多数の人々が、ますます無形の現実《リアリティ》を信じられなくなっていることである。このことが、伝統、旧慣、聖職授任、崇敬、命令、威信、世襲、階序といったものに由来する、計り知れない権威を政府から奪い去ったのである。

立憲制の発展の初期、国王が大貴族たちを支配していた頃は、国王は王国の最大の富の所有者であった。王位という地点からはまた、計り知れない拘束と命令の権力が放射されていた。国王は戦争のために金と人を必要としたとき、その金と人を有していた州や市・区の代表者たちを召集した。しかし土地と人について有していた相当の権力とともに、計り知れない権力を依然として国王自身が手にしていた。ところが何世紀かを通じて徐々に、政府の供給量に対する議会の権力が増していった。彼らは、はるかに大きな全体のなかで、より大きな割合を自分たちのものにしなければならなかった。同時に、人心の啓蒙と世俗化という白光のなかで、王位の計り知れぬ権力は減っていったのである。

二〇世紀の大戦争の圧迫と緊張の下に、執行権は、人と金との巨大な経費のために、議会に苦心して依拠するようになった。同時に執行部は、その計り知れない権力のほとんど全部を奪われた。第二次世界大戦のときにフランクリン・D・ルーズベルトがそうしたように、執行者は代表議会の行動を恐れ、議会の裏をかいたり迂回したりする強い誘惑にかられるようになる。ほとんどすべての西洋の政府が第一次世界大戦以来深刻な問題を抱えていたにもかかわらず、スカンジナビア、オランダ、ベルギー、イギリスなどの立憲君主国が、フランス、ドイツ、スペイン、イタリアなどの共和国よりも、自由とともに秩序を持ちこたえて保つことに、より大きな能力を示した。これは重要であり、少なくとも確かに示唆的だと私は思う。ある程度それは、共和国においては統治権が完全に世俗化されているので、その威信の多くが失われたからかもしれない。もし人々が好むならば、内在的な威厳の幻影はことごとく剝ぎとられてしまうのである。

計り知れない権力の消散、議会と選挙民大衆への全面的な依拠は、国家の二つの機能の間の権力均衡を覆してしまった。執行部は、物質的な力も精神的な力もともに失った。議会と選挙民大衆が、有効な権力を独占したのである。

これが、自由民主主義国家の憲法上のシステムを錯乱させた、内的な革命である。

第6章　全体主義的反革命

1　いくつかの教訓

　近代民主主義国家の多くの土台を腐らせ崩壊させた反革命の性格から、私たちは、その国家に苦難をもたらした無能の種類について学ぶことができる。反革命には様々な型がある。最も注目すべきは、ソヴィエトの共産主義者、イタリアのファシスト、ドイツの国家社会主義者、スペインのファランヘ党員〔スペインのファシズム政党。一九三三年創立、三七年フランコ政権に吸収、七七年解散〕、ポルトガルの組合主義者、チトー主義者〔ユーゴスラヴィアの政治家チトーによるユーゴスラヴィア独自の社会主義路線〕、ペロン主義者〔アルゼンチンの軍人・政治家ファン・ドミンゴ・ペロンの政治思想および反米、国家主義的で独裁的な政治の下で作られた運動〕などである。反自由主義的・反民主主義的な教義を主張するこれらの組織化された反革命運動のほかに、世界の広大な地域には、民主的制度の見せかけの背後で、民主的システムを無効にしようとする非常に強い傾向がある。選挙が自由で真正であり、市民的自由が確保されている国々も依然として強大である。しかしそれらの国々は、人類の中で、縮小しつつある少数派なのである。

　さて、これらすべての反革命運動には、二つの共通する特徴がある。一つは、統治権を多くの有権者から分離することである。全体主義国家においては、自由選挙を行わないことでこれが達成され、全体主義ではないが非民主主義的でもある国家の多くでは、選挙を統制し操ることによって達成される。

反革命のもう一つの共通する特徴は、選挙民や政党や政党ボスから引き離された政治権力が、特別な訓練と特別な宣誓により一般大衆から区別されたエリート集団の手に移されるということである。全体主義革命は、一般に旧体制のエリートを一掃し、その上で特別に訓練され特別に献身的で高度に規律された人々によって、自分たちのエリートを補充する。全体主義でないところでは、自由民主主義的なシステムが失敗すると、新しい支配者たちは、より以前に確立されたエリートたち、すなわち軍の将校や聖職者、高級官僚や外交官集団、大学教授から引き抜かれる。

民主主義国家の実際の失敗への反応として、以下のようなことがどのような場合にも見られるということは重要である。すなわち、選挙の過程が最小限にされるか完全に停止され、特別な訓練を受けて国家統治の仕事に特別な個人的献身をする人々により——たいてい大衆の同意によって——執行の機能が乗っ取られるのである。弱体化した民主主義国家においては、政治家は稀な例外を除いて、その公職に確実な任期がない人々であった。最も重要な地位にいる人の多くが新参者であり、間に合わせの人間であり、素人である。反革命が彼らを打ち倒した後で受け継ぐ人々は、ほぼ間違いなく新しい革命党のエリートか、そうでなければ軍、教会、官僚のような、前‐民主的制度から引き抜かれたエリートのいずれかである。

民主政以後の支配者は、それぞれ異なった方式で——イデオロギー的には世界の両極端にあるかもしれないが――一般大衆から引き離されている人々である。彼らは、他人を逮捕したり射殺したりする権力を持っているというだけの理由で引き離されているのではない。その種の権力を長く持続することはできないだろう。彼らは、同時に服従を引き起こす威厳というオーラも持っているのである。支配者たちは個人的欲望や私的生活を超越する目的に自らを捧げるという規約や規律に服しているのだ、という人々の信念からそのオーラは発している。

2　一つの予想

この反革命の性格は、近代自由民主主義国家の根本的欠陥を反映している。その欠陥とは、右で述べてきたように、執行機能の弱体化と実質的麻痺である。反革命という強力な薬が必要とされたのは、一方では、選挙の過程が政府を侵入、侵害するのを阻止するためであり、他方では、あらゆる物理的権力のみならず計り知れない威厳の力を政府に付与するためである。

人民大衆に完全な代表権を与えずとも、国家を統治することはできる。しかし、統治可能であり、実際にそうする政府なしに長くやっていくことは不可能である。それゆえもし人民が、統治する能力のない議会に代表されるか、それとも代表されることなく統治されるか、どちらかを選ばなければならなくなった場合、この問題がどのように決められるかは全く疑いの余地がない。人々は、同胞殺しとなる恐れがある自由より、家父長的であることを約束する権威の方を選ぶであろう。大きなコミュニティ〔共同体〕は、統治されずにやっていくことはできないからである。いかなる自由や民主主義の理想も、彼らが統治されることを長く阻むことはできないであろう。

近代民主主義国の苦境は深刻である。これらの国々は今世紀〔二〇世紀〕に重大な苦難を受け、その苦難の結果として悪化している。その結末はまだ明らかではない。しかし民主政にとって無事で無事に民主主義的である世界は収縮している。それはなお収縮しているのである。なぜなら、今世紀民主主義国を無力にしてきた無秩序はむしろ、時が経つほど、より一層有毒になりつつあるからだ。

いつまでも統治の実際的な失敗が続くとすれば――いかなる形で、またいかなる旗印の下で起こるかは誰も言えないが――強力な政府を樹立するために、反革命的手段へと至ってしまうだろう。それに代わる選択肢は、反革命への転落に抗い、それを逆転させるほかない。それは、もっとずっと困難な道である。統治に十分な強さ、議会や大衆世論の侵害に抵抗する強さ、そして大衆の圧力に抗して私的な自由を保障する強さを持つ、強い政府を再建しようとする根本的な手段に、人々が同意することが求められるからである。

民主主義国家の危機が、そのような内的復興と復活によって解決されるか、それとも反革命によって解決されるかを予測しようとするのは、愚かなことだろう。生活の余裕が乏しい国々ほど、反革命の危険が一層大きいことは疑いない。西洋社会の公共哲学のような、文明的品性《シビリティ》の伝統が深く根付き永い歴史を持っている国々では、復興と復活に最善の展望をもちえることは、疑いないのである。

第7章　自由民主主義の敵対者

1　自由主義とジャコバン主義

私たちは、自由民主主義に対する大規模かつ大衆的な反革命の時代に生きている。それは、西洋が二〇世紀の苦難と不安への対処に失敗したことに対する反動である。自由民主政は試され、不足していること――すなわちこの戦争と動乱の時期に統治に成功する能力を欠いているのみでなく、同時に自由な生活様式の基礎にある政治哲学を守り維持する能力も不足していることが判明したのである。*1

一八世紀における近代民主主義運動の開始にまでさかのぼってみると、二つに分岐して発展する経路を見分けることができる。一つは自由な立憲民主政における進歩の道である。もう一つは、全体主義的状況への病的な発展のコースである。(1)

起こりつつあったことに最初に気づいた一人は、アレクシス・ド・トクヴィルであった。彼は「先行して世界に存在したなにものともにていない……圧政の種類」によって、「民主的諸国民が脅威にさらされている」*2ことを予見した。さらに彼は、民主主義の健全な発展と病的な発展とのあいだの初発の差異をも見分けたのである。

一八三三年、大衆民主主義の脅威を予見したアメリカ旅行の後、トクヴィルはイギリスを訪問した。(2) そこで彼は、まさに新しく選挙権を得た投票者大衆に適応しようとしていたイギリス貴族階級の態度と、アンシャン・レジームのフランス貴族階級の態度との対照に印象づけられた。彼は続けて次のように省察した。

……昔から、イギリスとフランスの統治階級の態度には、根本的な違いが存在した。中世社会における礎であった貴族は、イギリスにおいては、他の社会集団と融合し混じり合う特異な能力を示したが、フランスではそれと反対に、貴族はその団結を固め、血統の純粋性を守ろうとする傾向があった。

中世初期においては、西欧全体が同じような社会制度をもっていた。しかし、正確にいつとは誰も言えないが、中世のある時期に、途方もない結果を生み出す一つの変化がイギリス諸島に、しかもイギリス諸島だけに起こったのである――イギリスの貴族は開放的な貴族階級へと発展したのに対して、大陸の貴族階級は、厳格な閉鎖的社会の限界内に頑固に留っていたのである。

トクヴィルは、このことがイギリスの歴史における最も革命的な事実であると見ており、また、その事実の重要性を見出し完全に意義を捉えたのは自分が最初であったと主張する。確かに、これは、民主主義の健全で進歩的な発展に有利な諸条件と、民主主義を病的で堕落的にする諸条件についての、深遠で啓発的な観察である。その決定的な相違は、イギリスの例のような、言わば支配階級への同化による参政権付与と、反対に、フランスの例のような、支配階殺の打倒と置き換えによる参政権付与との間にある。前者においては、政府は存続するが一層責任あるものとなり、一層応答的なものになる。後者においては、支配階級の一掃とともに政府は打倒されるのである。

このような二つの発展の道は――人民政府の下で自由な諸制度を持つ社会という――同じ目標を持つように見えるが、それらは根本的に異なっており、そして根本的に異なる結果に到達する。

前者、すなわち同化の道は、原理においてはすでに立憲的な国家の存在を仮定している――不正で不平等かもしれないが、もはや恣意的ではない法の下にある国家である。この立憲的国家ではますます多くの人々が、支配階級や、投票する有権者として認められる。不平等で不正な法律は改正され、ついにはすべての人々が政府に入るか、代表される平等の機会をもつようになる。大まかに言ってこれが、英国内および英連邦《コモンウェルス》・英帝国《エンパイア》における、民主的社会に向けたイギリスの動向の作業理論であった。また、これはアメリカ憲法の主な起草者たちの作業理論でもあったし、その中に歓迎した人はほとんどいなかったものの、彼らが全成年人口への選挙権付与を予想した理由でもあった。

もう一つの道は、ジャコバン的革命の道である。ここでは人々は支配階級を打倒し、その特権と大権を一掃することによって、権力の地位に上るのである。これが民主主義革命の教義であり、一八世紀にフランスの思想家たちによって展開され、フランス革命の際にジャコバン党によって実行に移された。それがイギリスに現われると、この教義は急進主義《ラディカリズム》として知られるようになった。アメリカでは、初期にはトマス・ペインのような目立った信奉者がいたものの、建国の父祖たちの時代が終わりアンドリュー・ジャクソンの時代になるまで、ジャコバン主義はアメリカ民主主義の大衆的政治信条とはならなかった。

ジャコバン哲学は、百科全書派ドルバック〔ポール＝アンリ・ティリ・――男爵。一七二三－一七八九。『百科全書』の科学・鉱物学の項目を担当。徹底的な唯物論の立場をとる〕が述べた、次のような人間社会観に立脚している。

> 私たちが地球上に見るのは、ただ無能で不正な主権者ばかりだ。彼らは、贅沢によって無気力にされ、へつらいによって堕落させられ、罰せられることのない放縦によって腐敗させられ、そして才能も道徳も、美徳もない連中だ。[3]

ドルバックが地球上に見たというのは、実際にはフランスの宮廷のことであり、それは当時ヨーロッパで最も強力であり、他のあらゆる小規模宮廷にとっての手本であった。彼がこれを書いていた頃、ヴェルサイユ宮殿で見た連中のように排他的で無能で腐敗しており教えようがなく無頓着ではないような王や支配階級のありかたを想像することは、ヨーロッパ大陸のたとえどんな人であったとしても、難しかったであろう。

「私たちの悲惨のほぼ全部がどこから生まれるかという話を手短に知りたいと思いますか？」とディドロが尋ねた。「それはこういうことだ。かつて自然人がいた。ところがこの自然人のなかに人為的人間が持ちこまれた。そこに、人間のなかに一生続く内乱が起こった。……もしあなたが人間に対し暴君になろうと思うなら、……自然に反する道徳論で彼を害するようにするがよい。そうして、人間にあらゆる種類の足かせをつけ、無数の妨害物で動きを邪魔し、まわりにいろんな幽霊を置いて彼を脅かしなさい。あなたは、幸福で自由な人間を見たいと思いますか？　それならば、おせっかいはしないことだ。……私はあらゆる市民的、宗教的、政治的な制度について要請する。これらの制度をよく調べてみるがよい。私が誤っていないならそこに、来る世紀も来る世紀も、ほんの一握りの悪漢どもが課そうとした軛に人類が隷従している姿を、あなたは見出すだろう。……秩序を樹立しようと企てる人間に用心せよ。命ずるということは、他人に苦労を与えることによって、他人を支配しようとすることなのだ(4)」。

もし私たちが、この引用文がたたえる印象を、同じ革命家でも別の一派の作品である独立宣言のものと比較するなら、私たちは、ディドロのニヒリズムに衝撃を受けずにはいられない。ディドロは、フランス支配階級の硬直さに憤激するあまり、盲目的な破壊的絶望に陥っている。彼自身が苦しめられた政府から判断して、できることは政府の廃止以外にはないと彼は思わざるをえなかったのである。

他方で、ジェファソンやその同僚たちは、政府に関心を持っていた。彼らが反乱したのは、イギリスに住んでいれば同じ国王の下で他の臣民たちと同じように享有したであろう代表権と参加権を拒否されていたからである。アメリカ人たちは、ジョージ三世の「簒奪」に反対して反乱を起こしたのであって、権威そのものではなく権威の乱用に対して反乱したのである。アメリカの革命家たちは実際、植民地政府に参加していた。新政府において彼らは指導的役割を務めようとし、実際に指導的役割にあった。政府の権威を打倒しようと望んだり、ディドロがしたように権威の道徳的基礎を否定し覆そうとしたりするどころか、彼らはまず政府機関の内部に参加し、次に政府を掌握するために反乱を起こしたのである。

「このように暴君の定義となりえる全ての行為によりその性格が特徴づけられる王（ジョージ三世）は、自由な人民の支配者としては不適当である」と宣言したとき、彼らは、自由な人民の支配者にふさわしい者は皆無だと述べていたのではない。彼らは、支配階級は新しい構成員を「その階級の中に」受け入れることによって、特権を分かち合うことを学ばねばならないというイギリス流の考え方を吹きこまれていたのである。アメリカの革命家たちは、自分たち自身が、不正に、実際は不法に植民地政府から締め出されていた新しい構成員であった。王の政府を打倒してから、彼ら自身が植民地を支配しようと意図したのである。彼らは、主権者を倒すという革命行動があらゆることのクライマックスで完成状態だと考えるニヒリストたちではなかったのである。

2　革命というパラダイム

二つの対立する哲学の内、ジャコバン主義はほとんどあらゆるところで優勢である。以前は支配階級から排除されていたが最近になって投票権を与えられた人々、そして国家統治の仕事には関与せず公職の責任を担うように求められるなど個人的に期待していない人々にとって、それは手っ取り早い哲学なのである。ジャコバン主義は、トクヴィルの観察で解明されたように、特権階級による政府に対する明らかな反動である。漸進的な改革と同化による参政権付与の扉が開かれていないとき、革命的な衝突は極めて起こりやすいものである。

ジャコバン主義は、不可侵の支配階級と、不平に対する救済策と陽の当たる地位を要求する排除された人々とのあいだにおける革命的衝突に向けて説かれたものである。政治哲学だと自称するが、実際には統治の哲学ではない。革命のための福音にして戦略である。この十字軍は支配階級を打倒し、革命行為によって良き社会をもたらすだろうという約束を説くものなのである。

このドグマに独特の本質は、革命そのものが創造的行為だという点にある。革命が絶頂極致でありクライマックスなのだから、革命そのものに向かって、あらゆる闘争の努力と犠牲が指向されるべきである。革命行為は、人間社会における悪の原因を取り除くであろう。革命のために人々のエネルギーを奮い起こし、持続させ、かつ組織するために、次の定式がいかに有効であるかは、再三再四証明されたことだ。すなわち、社会の悪は、聖職者、貴族、資本家、帝国主義者、自由主義者、外国人などの少数者が多数者の上に押しつけたものだから、純粋な多数者が邪悪な少数者を排除すれば、悪はなくなるのだと宣言することである。

一八四八年の『共産党宣言』における革命への召集も、ちょうど半世紀前にジャコバン主義者たちが使った、この同じ定式を用いている。マルクスとエンゲルスは、西洋の革命的伝統のなかに浸っていた人間だったため、革命行為は悪の源泉を除去し完全な社会を創るという考え方に慣れていた。フランス革命は、このような完全な社会を作ることはなかった。なぜなら〔フランス革命以後〕一八四八年まで資本家という圧政者がいたからである。そこでマルクスとエンゲルスは、今度は第三階級であるブルジョア資本家が一掃された貴族と聖職者の〔と同じ〕道を歩むべきだと宣言して、新しい革命行為を要求したのである。

少数者に対し大衆の革命が勝利を得れば、強制も暴力もない、万人にとって自由な、階級なき社会が生まれる——これがその定式である。この定式は、状況が革命的な時はいつでも、言い換えれば必要な改革が拒絶されたときにはいつでも、姿を現わしてくる。またこれは、不平に対して救済がなされえない人々の反乱の戦略である。支配者は攻撃されねばならない。それゆえ孤立している。彼らは少ない。それゆえ無敵ではない。彼らは、人間の一切の苦悩と不満につきすべての罪を担っている。そこで、支配者たちを除去することは、一切の悪を直すことである。ゆえに彼らを打倒することは、実行可能である限り、あらゆる犠牲に値する。少数の悪者が打倒されれば世界は良くなるのだから、革命後の世界の問題について重大な実践的決断をしなければならない時に革命家の間で起こるような疑念や争いは必要がないというわけである。

国民会議に対し〔ジャン＝ベルトラン・〕バレールは、「あなたは歴史を再開するために呼ばれたのである」[5]と述べた。〔先に引用した〕テーヌの言葉を借りれば、それは人為的人間の衣裳を剝ぎとり、人間を「聖職者か俗人、貴族か平民、主権者か臣民、所有主かプロレタリア、無知か教養があるか」というように分ける、あらゆる虚構の属性を取り除くことによってなされるはずであった。このような衣裳を自らの利己的で邪悪な目的のために人間に着せた既成の権威者どもは、排除されねばならない。権威者どもは排除し、衣裳は取り除かれなければならない。そうすれば、残るのは「あらゆる条件、状況、国、時代の下でも変らない、その人自身」であろう。

このような自然人は、現在世界に住んでいる堕落し醜い惨めな人間とは、非常に異なったものであろう。自然人は堕落以前のアダムであると考えられる。アダムは、彼自身の背反のためではなく、暴君と聖職者の陰謀によって堕落したというのである。この「忌むべきもの」を擁護者もろともに粉砕せよ、とアンシャン・レジームについてヴォルテールは言った。そうすれば、「暴君と奴隷は、愚かで偽善の道具を用いる聖職者と一緒に」消え去り「理性以外にいかなる主人も認めない自由人」のみが残るであろうと、コンドルセは勝ち誇ってそれにつけ加えた。(6)

これらの考え方の抑えがたい影響力を理解するためには、ルソーやそのジャコバンの門弟たちが「聖職者と貴族だけを除けば」一八世紀のすべてのフランス人が理性的で善良な人間であると言っていたのではないことを、私たちは認識しなければならない。最も純心な人たちがジャコバンの演説から聞き取ったものは、そうしたことであったかもしれない。しかしジャコバン主義が、常識にも普通の経験にも明らかに反することを主張したものであったら、民主主義の政治的宗教にまでなりえなかったであろう――実際にはなったのであるが。

ルソーは人間の自然の善性についての教義《ドグマ》を説いたが、それ故に、その同胞を大いに愛して賞讃したというわけではなかった。彼は『人間不平等論』の中で、ジョン・アダムスが自らのあらゆる強靱さでもって「言葉にしようのないほどあまりに暗く恐るべきもの」(7)と言ったのと同じ表現を用いて、文明人の心の内を描いている。

ルソーにとっては、彼より先にジュネーブに住んでいたジョン・カルヴァンと同じように、人間はその欲望と闘争によって堕落し腐敗し醜くなったものである。新しい教義の力は、その教義が救済と再生の福音であることにあった。邪悪な人間は善良な人間になるとされた。ジャコバン主義は実際にはキリスト教の異端であり、おそらくはアリウス派以来最も影響力の強い異端である。

ジャコバン主義が救いの必要を説いたという点で、西欧や北米の人々には、キリスト教の教育によってそれを受け入れる準備ができていた。聖パウロのように、「聖霊に導かれ」「法の下」にはない新しい創造物を、ジャコバン主義者たちは約束した。ただジャコバンの福音では、権威からの解放という革命的行動によってこの変容はなされなければならなかった。その宗教的目的は達成されなければならないが、宗教的体験を経ることによってではない。個々人が、自らの再生という労苦に魂の暗夜を経験しなければならないということはない。その代わりに、反乱、ストライキ、投票、そして政治権力が獲得されることになっていた。個人の魂の内面的な闘争の代わりに、一つの偉大で公共的な、大規模で集合的な救済がもたらされることになっていたのだ。

3　民主的教育

私たちは、新しい福音が宣べ伝えられてから十分に長く生き、何がもたらされたのかを見てきた。革命以後の人間は、投票権を与えられ解放されても、「新しい人間」にはならなかった。依然として昔のアダムである。しかし民主社会の将来は、ジャコバン主義の福音の約束と予言にかけられてきた。なぜならジャコバン主義は、新しく参政権を認めた大衆民主政に、大衆教育の理論を普及させたからである。アメリカや、西洋世界のより新しい自由民主政諸国の多くでは、ジャコバン的異端は批判もあるし普遍的でもないが、学校において最も人気のある支配的な理論になっている。

その人気の原因は容易に説明できる。それは、他の方法ではほとんど解決できない問題を解決することを約束するからである。すなわち、西洋社会の伝統との接点を失いつつ増大している大衆をいかに迅速かつ十分に教育するか、という問題である。この一五〇年間の人口の爆発的増加、この五〇年間の参政権付与、家族・教会・地方的コミュニティ〔共同体〕といった紐帯の解消ないし少なくとも急激な弱化などが相まって、学校に対する要求をほとんどありえないほど大きくしている。

学校は、ますます増加する大勢の生徒に学芸を教えなければならないだけではない。家族や家政、教会や安定したコミュニティの代わりとなって行動しなければならないし、また文明生活の伝統や規律の担い手にもならなければならない。学校制度に対する要求に対してほぼ応えたところなど、これまでほとんどどこにも存在していない。近代民主主義諸国は、十分な教師を補充し訓練する費用、十分な学校や大学を維持する費用、またすべての子供に平等の機会を与えるために十分な奨学金を提供する費用を進んで支払おうとは決してしなかったのである。

ジャコバンの教義は、このような大衆教育の問題を解決するものではない。あたかもそれは、革命が起こったときに存在するはずのユートピア社会をいかに建設し、いかに統治するかという問題を解決せず、解明すらしてくれないのと同じである。それは、ただ未解決の問題から逃避させてくれるだけである。政治においては、国家は衰えるだろうから、いかに統治するかという問題もなくなるだろうと断言する。民主主義的な学校にとっては、学校で教わるべきことなどほとんどなく学ぶのにほとんど努力はいらないから、供給と需要の問題はないと断言するのである。

ルソーは、自著『エミール』に対する、〔パリ〕大司教ボーモンの非難に答えて、次のように述べている。「一切の道徳の根本原理は、……人間は正義と秩序を愛する、本性的に善良な存在であるということです。人間の心にはいかなる本源的な邪悪もなく、自然の最初の衝動はいつも正しいのです(8)」。

そのため、ルソーに薫陶を受け、有名な教育者であったペスタロッチ〔ヨハン・ハインリヒ・——。一七四六－一八二七。スイスの教育家。主著に『隠者の夕暮』がある〕が「新生児には、一生のあいだに花開くこととなる様々な能力が隠されている(9)」と述べたとき、花開くこととなる諸能力とは、ことごとく善い能力であると彼は考えていた。そこから生じるのは、善い能力だけが遺伝するということである。反対に、悪い能力は生まれたあとで習得されるのである。そこでペスタロッチに薫陶を受けたフレーベル〔フリードリヒ・——。一七八二－一八五二。ドイツの教育学者。世界最初の幼稚園を創設し、児童の遊戯・作業を通じて個人的要求を社会的に方向づける、生活即教育の立場をとった〕は、「まだ若いというものは、自然の産物のようにまだ無意識の内に、実際は自分自身にとって最良のことを、正確にそして確実に意欲するものである(10)」とさえ言ってもよいと感じたのである。

もちろんフレーベルは、幼児が何についてでも正確で確実だということを証明する方法を持っていたわけではない。ルソーもまた、人間の心の中にいかなる邪悪もなく、自然界の最初の運動はいつも正しいということを証明できたわけではない。しかし、もしもこのすべてが正しいと考えられさえすれば、新しい民主政の問題は、どれほど奇跡的に単純になることか！　もし人間が学習によって苦労して習得する必要がなければ、もし必要な善い才能を身につけて生まれるのならば、もし人間の初発の意図がいつも正しいのならば、もし幼児のときから無意識だが正確で確実に、自分自身にとって一番よいことを意欲するというのならば、まさに当然のこととして人民政府は成功するに違いないと保証されることになる。

そこでは最良の政府は、最も少なく統治し、それゆえ統治の術において訓練と経験をもっとも必要としないであろう。民主主義のための最良の教育は、訓練し規律し教えることが最小のものであろう。なぜなら、必要な諸能力は生まれながらに備わっているのであり、修練しないために萎んでしまうよりも、修練が多すぎるために歪められる可能性の方が大きいからである。のみならずそこには、学校が伝えよと求められる一連の公共的知識も公共哲学もない。それゆえ、信仰と道徳という不都合な問題、つまり大衆の同意によって決定される見込みのない問題もない。カリキュラムでは、信仰と道徳に関する一切の研究と訓練を空白にしておいても構わない。そこで、教育は個人がキャリアを得るために何ほどかの役には立つけれども、それ以外の一切のことについては、人々の生来の正しさと正義の感覚を信頼してよいのである。

これは、便利で、心地よくもっともらしい、現実からの逃避である。ペスタロッチはこのことを描写して次のように述べている。

健全な教育は、肥沃な流れの近くに植えられた一本の木によって象徴されて私の前にある。その木のデザインと、その形とプロポーションを含んでいる小さな種子が、その土地の中におかれる。見よ！　いかにその種子が芽を出し、幹に、枝に、葉に、花に、そして果実へと拡がっていくかを。木全体が有機的な部分の中断なき連鎖であり、そのプランは種子と根のなかにあったものだ。人間も木と同様である。新生児のなかに、一生を通じて花開くこととなるこれらの諸能力が隠されているのだ(11)。

いかにジャコバン主義が教育を妨害するかを、この比喩は非常にはっきりと示している。政治や教育の問題に関連する限り、ペスタロッチが彼自身について言うようには、肥沃な流れの近くに植えられた木に人間はまったく似ていない。なぜなら木は、植えられた近くの流れがいかに肥沃であったとしても、成長して、ペスタロッチのように、木の教育についてや、すべての苗木をいかにして最もよい木へと育てるかについて学術論文を書くようなことはないからである。木は、その小さい苗木が最も肥沃な流れの近くに植えられるかどうかなどと心配することは決してないであろう。要するに、木を教育する者は別の木ではないのである。木を教育する者、すなわち肥沃な流れの近くに木を植える人間は、木とはまったく異なっている存在なので、木はその人の存在に気がつくことができない。しかし、もしも木がそのようなことに気がつくほど人間に似ているとしたら、木を栽培する木の教師は、木々の神として崇拝されるであろう。

ペスタロッチの木は、実のところジャコバン理論によって創られた教育の真空のカリカチュアなのだが、しかしその内容をよく物語っている。木の伝統は種子によって伝えられるので、老木は教えることができず、若木は習うことができない。各々の木は、もし木が偶然そこにあれば肥沃な流れから吸収できるものを吸収し、自分だけで存在するのである。では、もし人間の教育がこのような考え方の上に打ち立てられるとすれば、文明社会の道徳システムも、実際にはその精神構造も伝えることができないに違いない。ジャコバン主義は、人間の第一の本性たる自然的衝動の先天的な正しさに依拠して、第二の文明的本性を排除している。それは、衝動の支配者であり、共和国《コモンウエルス》に大いに必要だとされてきたのである。ジャコバン主義は、各人の内なる支配者、すなわち自身の「怒りやすく欲望に駆られる力」に対して「王にふさわしい賢明な統治」を行う統治者を転覆するのである。

理性がもはや人間精神の内部で社会を代表しなくなるとき、それは欲求や欲望、熱情の道具となる。ウィリアム・ゴドウィンが一七九八年に述べたように「理性は、欲望の異なった対象の比較を調整し、これらの対象を手に入れるために最も成功する方法を調べることに、その役割が全く限定されている[12]」。それから一〇〇年以上も経て（一九一一年）、ウィリアム・マクドゥーガル教授は次のように述べた。「本能的な衝動が、すべての行動の目標を決定し、そして……最も高度に発達した心の複雑な知的装置は、……これらの衝動がその満足を求める際の道具にすぎない……[13]」。あるいはバーナード・ショーが言うには「正確に推論する能力は、今までと同じく望ましい。なぜなら、私たちがしたいと思うことをするために、すなわち私たちの意志を遂行するために、私たちが自分たちの行動を計算することができるのは、ただ正確な推論によってのみだからだ[14]」。

もし理性の役割が、単に各人のキャリアのための道具であるならば、学校の使命も、有能な出世第一主義者を作り出すことにある。学校は成功のノウハウを教えなければならず、それが――社会的な礼儀や、多少の市民的・愛国的な激励に味付けされて――教育の主要事項となる。生徒は、自身のキャリアにおける成功のために身に付けた方が良さそうな科目を選ぶ。そのほかの科目は余計なものである。知識の一般的順序や公共哲学のようなものは、生徒が必要とするものにはないのである。

4　ジャコバン主義からレーニン主義へ

一九世紀の半ば頃、カール・マルクスとフリードリヒ・エンゲルスは、なぜ最初の革命がジャコバン主義者の約束を遂行できなかったのかという説明を示した。その説明とは「封建社会の残骸のなかから起こった近代ブルジョア社会は、階級対立を終止させなかった。古い階級の代わりに新しい階級を作り出しただけである」というものであった。

マルクスとエンゲルスは、学者であると同時に世慣れた人だったので「過去および現在の一切の人類社会の歴史は、階級闘争の歴史であった」ことを発見しても、べつに驚かなかったであろう。もし彼らがジャコバン主義のドグマに取りつかれていなかったら、未来において階級闘争は確実に起こりそうだと考えたに違いない。しかしジャコバン哲学では、現状における世界は変えられねばならない。歴史がその頂点に達して終焉し、もはや闘争のない時代が間もなく到来することになっているのである。そこでマルクスとエンゲルスは、階級のない社会を実現するために、今度こそ決定的で最終的だが、もう一度革命が求められると決めたのである。「プロレタリア階級は……自分たちを一つの階級として組織することを余儀なくされ」、そして「革命によりプロレタリア階級は支配階級となり、支配階級として力によって古い生産諸関係を廃棄する。……それから、これらの条件と共に、階級対立の存在および階級一般の存在の条件を一掃してしまうであろう。そして、それによって階級としてのプロレタリアート自身の支配をも廃するであろう」。

過去の革命は失敗した。しかし、来たるべき革命は「階級と階級的対立のある古いブルジョア社会に代わって……各人の自由な発展が、万人の自由な発展のための条件となるアソシエーション〔結合体〕[15]」をもたらすであろう。

二〇世紀の初めまでに、ジャコバン運動と同じ失望をマルクス主義が蒙ろうとしていることが、ますます明らかとなりつつあった。確かにマルクスとエンゲルスが共産党宣言を書いて以来、その具体的な綱領を実行するうえで、極めて注目すべき進歩が見られた。一八四八年に共産党宣言が要求したことを実行するのに、「最も進歩した諸国民」は大いに貢献をした。彼らは相続税を課し、中央銀行・運輸・通信を実質上国有化し、国有産業を拡大し、子どもの労働を廃止し、公立学校における無償教育の提供を進めていた[16]。

とは言え、これらの改革は階級のない社会に向かって進んではいなかった。一階級または無階級ではなくて、むしろ近代社会は階級の多様性の方へとおそらく向かいつつあった。エンゲルスが『反デューリング論』で約束したように、「国家は……死滅する」ようにも見えなかった。実際には、これらの進歩的な改革は、国家権力の急速な膨脹と官僚制の拡大を要請しつつあった。マルクスの予言は実現されてはいなかったのである。貧乏人がますます貧乏になる一方で、金持ちがますます金持ちになってはいなかった。中産階級も消滅に向かってはいなかった。より大きくなりつつあったのである。社会は、ブルジョアジーとプロレタリアートという二つの大きな敵対陣営に分裂しつつあったのではない。もしそうであったとしたら、諸党派と諸圧力団体に分裂しつつあったのである。

ドグマと存在する物ごとの現実とのあいだに広い不一致が生じたため、革命的社会主義運動の内部に危機が生じた。この危機はレーニンによって解決された。彼は、マルクスが半世紀前にしたことを、もう一度行うことはできなかった。レーニンは、打倒されなければならない次の階級、すなわち今度は明確に最終の階級を積極的に見極めることはできなかった。彼は襲撃すべき最後のバリケードを指させなかった。彼が革命運動を全体主義的解決に投じてその内部の危機を解決したのは、ここにおいてである。レーニンは、革命行動により単純かつ自動的にユートピアがもたらされるという素朴で魅力的な約束を捨て、恐るべき教義で置き換えた。それは、現実的ないし潜在的なすべての反対勢力を全滅させる無期限革命のプロセスを無限に延長することによって、ユートピアがもたらされねばならないというものである。

全体主義的傾向は、近代革命運動のなかにはいつも存在したし、また論理的にも含まれていた。[17] それでも、革命運動内部の危機に対するレーニンの解決は「一つのプロセスが頂点に達したことを示した」がこれは「私たちの世界の歴史を一変させた……事件」であった、とアイザイア・バーリン氏が述べたのは疑いもなく正しい。[18]

一九〇三年、ブリュッセルで始まりロンドンで終わったロシア社会民主党の大会で、レーニンは、ポサドフスキーという代議員から次のような質問を受けた。「党の革命的中核によって絶対的権威を行使する必要を「強硬な」社会主義者が強調しているのは、公式には、自由主義に劣らず社会主義がその実現のために献身している、基本的自由と両立しないのではないのでしょうか」と。ポサドフスキーは、もし党の指導者がそう決定すれば、基本的な最小限の市民的自由――「人身の神聖不可侵」――に抵触してよく、さらに［それが］侵害されても良いのかどうか、と質問したのだ。

その答えはプレハーノフによってなされた。彼はロシア・マルクス主義の創始者の一人で、バーリン氏の言によれば「そのなかでもっとも尊敬を集めた人物で、教養があり、潔癖で、道徳的に感性が鋭く、広い見識を持つ学者」であり、二〇年間も西欧に住み、西洋社会主義の指導者たちから大変尊敬されていた。プレハーノフは、ロシアの革命主義者のなかで、文明的な「科学的」思考の象徴そのものであった。「プレハーノフは厳然と、しかも堂々と文法を無視して「革命の利益は至上の法」と述べた。確かに、革命がそれを要求するならば、あらゆるもの――民主主義、自由、個人の権利――が犠牲にされなければならない。もし革命後ロシア人民によって選ばれた民主的な議会がマルクス主義の戦術に快く従うことがわかれば、長期議会[*3]として存続させられるだろう。そうでなければ、できるだけ早く解散されるだろう。ブルジョア的自由主義の諸原則に対して几帳面な配慮に取りつかれている人々には、マルクス主義革命を実行できないだろう。これらの諸原則において価値あるものは何であれ、その他の善良で望ましい一切のものと同じく、勝利した労働階級によって究極的には疑いなく実現されるだろう。しかし、革命のまったただ中にこのような理想に気を取られていることは、真剣さを欠いているという証拠である」。

バーリン氏は続けて言う。「プレハーノフは、人道的で自由な伝統のなかに育った人であったから、当然のことながら、のちにこの立場から自ら退いた。ユートピア的信仰が、文明化された道徳規範に対する野蛮な無視と混ざり合うことは、西洋の労働者やその指導者たちの間で文明的で生産的な人生の大半を送った人にとっては、あまりにも不快なものであると判った。マルクスやエンゲルス自身のような大半の社会民主主義者と同様、彼はあまりにもヨーロッパ的であったがために、ドストエフスキーの『悪霊』に出てくるシガリョフの言葉を借りれば、〝無制限の自由から出発して、無制限の専制に終わる〟政策を実現しようとは試みなかったのである。しかしレーニンは、彼の同志の多くにとって不快な結論に論理的に追いこまれていながら、その前提を安易かつ明らかに良心の呵責もなく受け入れたのである。彼の頭の中にあったのは、おそらく、ある意味ではなお一八、一九世紀の楽天的合理主義者の想定であったのである。すなわち、強制、暴力、処刑、個人間の差異の全面的抑制、少数者、それも事実上自ら任じているだけの少数者の支配は、過渡期だけ、破壊すべき強力な敵が存在する間だけ必要であると考えたのである」と。

しかし、レーニンと彼に続くあまりに多くの者が、自己任命による寡頭制の無制限支配の下で、暴力・処刑・弾圧・策略といった不快な方法を、安易に、そして明らかな良心の呵責もなく受け入れたのはどうしてだろうか？　なぜレーニン、ヒトラー、スターリンなどの完全な全体主義者たちは、目的を達成するために採用する手段に怯まないのだろうか？　「非人道的な手段も超人間的な目的のためには正当化される。すなわち自分たちは歴史ないしは自然の代理人なのだ」というのがその答えである。全体主義者たちは、創造の運命を果たすために任命された人々である。彼らは無神論者として知られている。しかし実際には、神は彼らの敵だったのである。それは彼らが全知全能の神を信じなかったからではなく、彼ら自身が神の働きを横取りしており、神の大権を主張していたからである。

5　分を超えること

これが問題の根源であり、ここにこそ究極の問題点がある。神のように行動する人間が、地上に天国を打ち立てるように任命されうるものだろうか？　もし私たちがそのようなことがありうると信ずるなら、一切のことはそこから出てくる。人間は使命を達成するために、神のごとき全能を装わなければならない。人間は、権力を独占して一切のライバルを破壊し排他的な忠誠を強要する、妬みの神となるに違いない。家族、教会、学校、法人、労働組合、協同組合、自発的結社、そして一切の学芸も、みな人間の下僕とならなければならない。異議や逸脱は反逆であり、平穏無事〔静寂主義〕は冒瀆である。

しかし、一切の権力を独占するだけでは十分でない。まだ古いアダム〔人の罪深さ〕が残っている。人間の堕落した性質を作り直さないかぎり、自選の神々は地上を天国にすることはできない。一八世紀のジャコバンの福音でも、また一九世紀のマルクス主義の福音でさえも、人為的な衣裳が取り除かれたとき——すなわち革命行為によって、聖職者、貴族、ブルジョアジーによって押しつけられた歪みから解放された時点で——新しい人間が現れることになる。一〇〇年経っても、新しい人間はどこにも見られない。そこで初期の穏やかな福音は、後の無限に過酷な福音に道を譲った。新しい人間と地上の新しい天国は、前レーニン的・前ヒトラー的な人間の改造を要求した。マルクスに示現した歴史の命令と、ヒトラーに示現した自然の命令は、成就されなければならなかった。

しかし、その成就のためには人類はまず変容しなければならず、それに失敗すれば全滅しなければならなかった。ハンナ・アーレントが言うように、運命は、死を免れない神〔全体主義〕に、生き残っている人間を「普通ならばただ受動的に、いやいやながら服従する法の、能動的な間違いのない担い手」[19]にするように求めたのである。

信奉者の目には、これは非人道的・悪魔的な教義には映らない。それは人間性の上にあり、人間性を超えている。その福音が説いているのは、超人に対してである。無慈悲も恣意も残忍も、極悪非道の邪悪ではない。地上の天国の崇高なる建設のためにそれは、雀が落ちる如く[*4]予め運命づけられた、自然で必然的なことなのである。

問題は、理性的な言説の領域外にある。三世紀前のピューリタン革命家たちについてリチャード・フッカーが述べたように、人々が「全能の神の絶対命令の下で」行動しつつあると信じているとき、人々の規律は「受け入れられなければならない……たとえ、そのために全世界がひっくり返って清められなければならないとしても」[20]。神的な知識と神的な使命の詐称者と議論しても無駄である。彼らは自惚れ〔傲慢〕の罪にとりつかれており、永年の誘惑に屈しているのである。これこそ、文明的品性の伝統が対峙している最高の悪である。

ここに「堕地獄の原罪」、サタンがイヴを誘惑して食べさせた禁断の果実がある。「さあ、これを味わうのだ。そしてこれからは、自ら女神となって、神々の仲間入りをするのだ」と[21]。アダムがダンテに言うように、この木の実を味わうということは、「分を超えること」[22]であった。アイスキュロスが言うには、ゼウスは

まことにゼウスは出過ぎた驕りには罰を下し、
仮借ない裁き手としてすべてをみそなわされるのだから。
こうしたことについて正しい弁えを備えているはずの
お前たちから、道理に適った言葉で息子に説き聞かせてやってくれ、
出過ぎた驕慢さで神々を怒らせるなと。(23)

自らが神であるという人間の妄想――あたかも神であるかのように行動する任務を持つとの自負――は、「子どもじみた考え方の盲目的傲慢」であるとアイスキュロスは言う。その妄想は、「病める心の狂気そのもの」ともなりうる。しかしそれは新しい最近の伝染病ではなく、むしろ私たちの第一の本性の気質、すなわち自然で文明化以前の自己の気質なのである。人間は文明人となってからよりずっと長いあいだ、野蛮人であった。人間は文明化されてからも不安定であり、緊迫と緊張の下、怠慢や誘惑の下では、いつでも最初の本性に戻ろうとする重力のような永続的傾向が私たちのなかにあるのである。

ルソーとジャコバンたち、マルクスと一九世紀の社会主義者たちは、新しい衝動と熱情を人間のうちに導入したのではない。彼らは常に存在している衝動と熱情を悪用し悪化させたのである。文明的品性の伝統においては、人間の第二の、より理性的な本性が、第一の、より原生的な本性を使いこなさなければならない。

ジャコバン主義者とその後継者たちは、文明的品性を反転させ、その上に政治的宗教を立てた。原生的衝動を統御する代わりに、刺激し武装させた。神であるという自負を堕地獄の原罪として取り扱う代わりに、それを人間の栄光と運命だと宣言した。この福音の上に彼らは、権力への大衆の上昇という人気のある宗教をうち立てた。レーニン、ヒトラー、スターリンという二〇世紀の頑な全体主義的ジャコバンたちは、この運動とその福音の論理的な含みを、その苦い終点に向かって先へ先へと進めていったのである。

そしてその苦い終点とは何か？ それは、人間の条件との永続的な戦いである。すなわち、人間の有限性に対する戦い、有限な人間の道徳的目的に対する戦い、そしてそれゆえに自由、正義、法、そして善き社会の秩序に対する戦いである。――それら〔戦いの相手〕は、文明的品性の伝統の中に維持され、公共哲学の中に明瞭に表現されているのである。

第Ⅱ部　公共哲学

第8章　公共哲学の失墜

1　理念の効力について

哲学を信じるのは感受性の強い人間に特有の幻想である、[*1]と哲学者たちの言葉を援用しながら言う人々がいる。〔信じることが〕できる者はそうする。〔それに対してそう〕できない者が教えたり理論化したりする。[*2] 職業における理論家なので理念の効力を誇張するが、理念は大きさもエネルギーも持たない単なる空気のような無、すなわち物質や力、習慣や欲望、機械や軍隊といった現存世界(existential world)の単なる影にすぎない、と言うのである。

とは言えその幻想は、たとえ幻想だったとしても、異常に頑強なものである。私たちが生活し、私たちの存在を保っている共通認識から除去することは不可能である。私たちのなじんでいる日中の世界では、あたかも理念が何の影響も持たないかのように行動することはできない。政党・新聞・書籍・放送・学校・教会によってなされることがらが相違を作り出すと信じなければ、公共生活のすべての大きな努力と熱情は無意味になるだろう。そのような努力はすべて、ネブカドネツァル〔旧約聖書に登場するバビロンの王」に対して翌日の朝食に何を給仕すべきかといった議論と同様に、無関係で、実際、無意味になるであろう。

実際には、どれほど徹底した懐疑論者ですら「理念はいかなる影響をも与えないため、善い理念と悪い理念、真正な理念と偽りの理念といったようなものは一切存在しない」と一掃することはできない。なぜなら、「私たちはしばしば間違いを犯し、そして間違いを犯すことは相違を作り出す」という、疑いえない経験の事実から逃れることができないからである。

私たちの生体の化学反応は、決して誤りを犯すことはない。一つの化学的要素の他の化学的要素に対する反応は常に正しく、虚偽や幻想によって誤導されることは決してない。医者が、その診断に反する物質を発見できずに、患者の化学的反応を見誤ることはありうる。しかし、誤りを犯しうるのは医者だけであって、化学的過程は誤りえない。

では、なぜ人間は誤りを犯すのか？　それは、人間の行動の重要な部分が、その頭のなかの様々な像（pictures）に対する反応だからである。人間の行動は擬似環境との関係で生ずる。擬似環境とは、どんな二人の間でさえ一致がみられないような、事物の現実であると想定されているものについての――それ〔事物の現実〕そのものではなく――再現前化なのである。[1] このような人が作った文化的環境は、人間の心のなかに存在するが、生物学的有機体としての人間と、外的な現実との間に差し挟まれている。理念が効力を発揮するのは、この領域においてである。なぜかと言えば、理念やイメージ、世界に関する様々な像や観念に人は反応し、そのような像があたかも現実のものであるかのように扱うからである。

本質の領域では実体のない空気のようなものでも、人間がそれを真実ないし善であると信じて、理念をあたかも現実のものであるかのように扱えば、現存世界において効力を発揮する。このようにして理念を信ずるならば、文字通り実に山をも動かすことができる。確かにいかなる人間の理念も、月面の山を動かすことはできない。しかし、もしアメリカ人たちが、パイクス・ピーク〔コロラド州中部ロッキー山脈の一部、標高四三〇二メートル〕がシカゴの郊外に存在するようになるまでは生きる価値がないと思い立つならば、彼らはパイクス・ピークを動かすことができるだろう。もしアメリカ人とその子孫たちが、充分に長い間、そのような理念のために十分に献身すれば、彼らはそれをなしうるだろう。

もしパイクス・ピークを移動させるという理念が、単に宣言されて祝福されるだけならば、パイクス・ピークには何ごとも起こらないだろう。その理念は、ちょうど戦争に勝つという理念のように、国民のエネルギーの目的と焦点にならなければならない。そうなれば、その理念は人々の心のなかで作動し、人々はそのための投票、計画、事業の遂行、資金の調達、労働の補充、設備の調達を行い、そして――恐らくは――そのプロジェクトに反対する者たちの高まる抵抗を抑圧するだろう。

理念は人間の行動を組織化する力を持っていることから、その効力は根本的なものとなりうる。理念が、人間のあるべき姿のイメージとして、各人の性格形成を統べ、従ってその行動に長く続く構成を刻み付ける場合、まさにその理念は根本的である。(2) 人間のイメージは、性格が形成される鋳型のデザインであるから、決定的な関心事である。善い国王、善い廷臣、善い臣民――すなわち善い主人と善い奴隷――、善い市民、善い兵士、善い政治家、善いボス、善い労働者のイメージは何だろうか。イメージはとても重要である。優勢になったイメージが教育を統べるだろう。人間のあるべき姿についての理念が現存世界において効力を生ずるのは、それらが家庭や学校、コミュニティ〔共同体〕によって押しつけられて、人間が「社会の成員として、あるいは社会の中の特定階級の成員として行動しなければならないというように行動したいと欲する性格類型を獲得する」からである。人々は「客観的に、自分たちがなす必要のあることを望むこと」を学び、そして「外的な力が」彼ら自身の性格の「内的な衝動によって置きかえられる」のである。(3)

この意味での教育には限界があるということを疑うことはできない。しかしその限界がどこにあるのか、私たちは知らないのである。すなわち、獲得される性格と、おおよそ教育しえない人間本性の特徴との間には、明瞭で確実な境界は存在しない。この本性は長い時代を経て進化し、遺伝によって伝えられたものである。個々の生徒をどこまで教育しうるのかを、確実にそして正確に予測することは全く不可能なのである――あるいはむしろ、ある教育者と接触する時までに、幼年期にすでに様々な性格を身に付けてしまった後で、なおどこまでその生徒を教育しうる状態なのか、という点についての予測は不可能なのである。

とは言え、その過程についての私たちの知識がいかに未熟で稚拙なものであろうとも、性格が経験と教育によって獲得されるということは疑いない。私たちには測りがたい限界内で、人間本性には順応性がある。シェークスピアが生きていた時代にアメリカ人はいなかったし、ウェルギリウス〔紀元前七〇―一九。古代ローマの詩人〕が生きていた時代にはイギリス人はいなかったし、ホメロスが生きていた時代にはローマ人はいなかった。これらを思い起こせば、どうしてそのことを疑うことができるだろうか。極めて明確なことに、人間は、私たちが民族的、国民的、職業的な特徴と認識するような、思考や感情、行動の諸様式を獲得している。その上、比較して言えば、これらの諸特徴は最近になって獲得されたものである。短い歴史上の期間においてすら、様々な性格が獲得され、失われ、そしてまた他の諸性格によって取って代わられたのである。共通の人間性にもかかわらず、このことが人間の歴史に無限の多様性を与えているのである。

ホッキング〔ウィリアム・アーネスト・――。一八七三―一九六六。アメリカの哲学者、観念論の研究で知られる〕が述べているように、人間本性は「生物界の最も可塑的な部分であり、最も適応性がある、最も教育しうる部分である」[4]ため、同時に、最も誤って適応しやすく、最も誤って教育されやすい部分でもある。善い生活の全構造と組織を含む文化的遺産も獲得されるものである。その文化は、拒否されるかもしれない。間違って獲得されるかもしれない。全く獲得されないかもしれない。なぜなら、私たちはそれを持って生まれるわけではないからである。一つの世代から次の世代へと伝達されなければ、見失われ、実際に暗黒時代の間、全く忘れられてしまうかもしれない。どこかで何らかの形で人々が再発見し、あるいはもう一度世界を探険して、新たに創造しなおすまでは。

獲得された文化は私たちの遺伝子では伝達されないので、この問題は常に不確かなのである。善い社会における善い生活は、達成可能ではあるが、一度に全部、手に入れて所有されるものでは決してない。そこで、善い社会における善い生活の叡智が伝えられなければ、手に入れたものも再び失われてしまうであろう。

それが、西洋社会における中心的で危機的な状況である。すなわち、いまや民主主義諸国は文明的品性《シビリティ》の伝統を受け継ぐことを止めつつある。その伝統の中において、善い社会、つまり最良の形の自由で民主的な生活様式が、生まれて発展したのだった。それらの国々は、自由民主主義社会を統治するために必要な公共哲学と政治術から切り離されてしまっている。彼らは、その秘訣を伝授されておらず、それを進んで理解しようとするほど大事にしてもいないのである。

トインビーの恐るべき表現をかりるなら、彼らは、彼らが支配する社会の「中に」いるプロレタリアではあるが、その社会「の」プロレタリアではないのである〔本章注23参照〕。

2　大いなる真空

公共哲学について語ることは危険な問題を提起することであり、むしろパンドラの箱を開けるようなものであると私は十分に気づいている。

マレー神父〔ジョン・コートニー・——。一九〇四－一九六七。アメリカの神学者、信教の自由の確立に影響を及ぼした〕が指摘したように、西洋諸国民には「相容れることのない複数の信仰[5]」が存在している。また、世俗化した人々、不可知論の人々も数多く存在する。公共哲学の内容に関しては合意する見込みはほとんどなく、意見の不一致が存在することは極めて確実であるため、それを語ることによって様々な論点を提起しない方が得策だと思われる。むしろ各人の信念は私的なものであって、公然たる行為のみが公共的な事柄であるという規則に従う方が、より容易である。

この思慮深い規則は、次の和解条件を反映し刻みつけているものと言ってよいだろう。すなわち、宗教戦争と、霊の領域における——「王座も主権も、支配も権威も」[*3]による——独占的権威に対する長期の闘争とにおける和解条件である。

宗教、思想および言論の自由は、国家と国教会の双方に対して、宗教、哲学、道徳、学問、学習、意見、および良心の分野における主権的独占を否定することによって獲得されたものである。自由《リベラル》な諸憲法は、それらの権利の章典をもって、主権者——国王、〔英国・米国〕議会、投票者——が越えることを禁じる諸境界を定めたのだ。

それでも、これらの偉大で有益な規則を確立した一七、一八世紀の人々は、コミュニティが一般的な公共哲学なしにやっていけるということは、間違いなく否定しただろう。彼ら自身が公共哲学の遵奉者——すなわち「支配者の上に、また主権者人民の上にも、死すべき者の全コミュニティ〔総体性〕の上にも」法が存在すると考える自然法の教義の遵奉者であったのである。[6]

文明的品性の伝統はこの原理から生まれたものであり、最初にストア派の人たちが考え出した。アーネスト・バーカー〔一八七四－一九六〇。イギリスの政治学者。古代ギリシアやイギリス政治についての研究で知られる〕は次のように述べている。

> 人間の理性的能力は、普遍的な妥当性を有する法と秩序についての共通の概念を産み出すものと考えられていた。……この共通の概念は、その三つの大きな重要点として全人類の自由、平等、および友愛という三つの価値を含んでいた。この共通の概念と、その三つの重要点が、二〇〇〇年以上にわたって一連のヨーロッパ的諸理念を形成した。それは中世においても命脈を保ちその機能を果たした一連の理念であり、聖トマス・アクィナスは、人間の心と本性に刻み込まれた最高の自然法という理念を懐いた。それに対しては国王や立法者たちもあらゆる場合に従わなけれ

ばならないのだった。その一連の理念は、宗教改革の時代からフランス革命の時代まで生き続けてますます活気を帯びて働いた。……ロックの口を通して語られ、一六八八年のイギリス革命〔を正当化し〕、そしてその後、一七七六年のアメリカ革命を鼓舞するために役立ったのである。……それらは内政の領域における国家と政府の適切な行為についての理念であり、人間の自然権についての次のような諸理念である。――政治的ないし公民的自由であり、本質的に国民に存する主権と、思想および意見の自由なコミュニケーションがそれと共にある。また法の前の平等であり、公衆の全成員における公共的費用の平等な再配分である。さらに一般的友愛であり、実際には悲しむべきことに国民の内部に限られがちだったが、自由のために闘う全国民を保護する法令によって、時には拡大しえた[7]。

これらの伝統は哲学者たちの論文で敷衍され、時事評論家たちの小冊子で発展させられ、法律家たちに取り入れられ、そして法廷において適用された。大いなる緊張の時代、危機に瀕したこれらの伝統の中には、マグナ・カルタや独立宣言の場合のように書面で約束がなされるものもあった。裁判官や法律家たちの参考となるべく、コーク卿のコモン・ローの検討〔エドワード・――。一五五二－一六三四。イングランドの法律家・政治家。ジェームズ一世に対してコモン・ローの重要性を説き、法の支配の確立に寄与した〕に見られるようにその大部分が記述された。公共哲学は、部分的には一六八九年の権利章典で詳しく述べられた。また合衆国憲法の最初の修正一〇箇条〔修正第一条－第一〇条〕において改めて制定された。〔しかし、〕公共哲学の最も大きな部分は、決して明白には述べられていない。それは幾世代にもわたる偉大な社会の叡智なので、いかなる単一の文書でも決して述べることはできない。しかし、文明的品性の伝統は西洋の諸国民のなかに浸透しており、公的・私的な行動の基準を設定し、それによって自由の諸制度と民主主義の成長を推進し、促し、保護したのである。

私たちの自由な諸制度の創設者たちは、彼ら自身がこの公共哲学の遵奉者であった。彼らが精神と霊の領域から世俗的な権力を排除することを主張したのは、彼らが公共哲学を持たなかったからではなかった。権力が堕落すれば公共哲学を堕落させるということを経験が教えたからであった。それゆえ政府には公共哲学に対する主権と所有権とを与えるべきでないということが、政治の実践的規則だったのである。

しかし時代を経るにつれ、西洋的諸制度の創設者たちの公共哲学は時代遅れになった。それで世俗的な権力は心と精神の領域から排除されるべきだという規則は、微妙に形を変えられてしまった。理念や原理は私的なものである――ただ主観的な関連性と意義を持つにすぎない――ということが規則になった。公共の秩序に対する「明白かつ現在の危険」が存在する時にのみ、言論や出版の行為が公共的領域のものになったのである。一切の一番重要な事柄が公共の領域から除かれた。人間がいかにありいかにあるべきか、あるいは物事の秩序の中で人間は自分をいかに考えるべきか、何が彼の正しい目的であり何が正統な手段であるかに関するすべてが、私的で主観的で、公共的な説明責任のないものとなった。そうして、西洋の自由民主主義諸国は、市民の性格を形作る形成的信念を私的事項と扱う最初の偉大な社会となった。

以上のことは自由の意味に根本的変化をもたらした。本来それは、すべての理性的な人々が同意する普遍的秩序が存在するという公理の上に成り立っていた。すなわち、根本的で究極的なものについての公共的合意の範囲内で、異議と論争は容認しても安全であり、むしろ促すことが望ましいとされていたのである。しかし公共哲学——そして最初で最後のものに関する意見の一致——が消失するとともに、公共心には大きな真空状態が開かれ、充たされるべく大きな口が開いているのである。

公共哲学が機能していた間は、人々の究極的な忠誠のための争いを公共的利益の範囲内にないものと扱うことに、明らかな実用的便益があった。それは西洋社会を分断している神学的、道徳的、イデオロギー的な争点のパンドラの箱を開けなくてもよいという方法であった。しかし今世紀〔二〇世紀〕になって、厳しい決断を下さなければならなかったとき、この賢慮の規則は機能しなくなった。このような便法は、一般大衆が物事の現状に深刻な不満を持たなかった間にだけ機能した。改革と改善の方向に目を向ける便法であった。しかしそこで想定されていたのは、安全で進歩的で、拡大しつつあり、かつ確固たる社会だった。だからこそ、大戦の風雲が集結し始める以前のヴィクトリア的快晴の時代だけにおいて、究極的問題についての、公共的不可知論や実践的中立という自由民主主義的政策が可能だったのである。

3　公共哲学の放置

そこで、私たちは一つの決定的な問題に直面する。自由民主主義諸国において公共哲学の論議が言わば棚上げにされているならば、論議されてもいないのに公共哲学が存在すると想定できるだろうか。善良な市民が否定も無視もできないような、ポジティブな原則や指針の体系がはたして存在するだろうか。存在すると私は確信して、この書物を記している。理論的教育よりも、むしろ私たちの時代に民主主義を機能させることがいかに困難かという実際上の経験から、私は徐々にこの確信を得た。私は公共哲学が存在すると信ずる。文明的品性という公共哲学が確かに存在するのである。公共哲学は発見されたり発明されたりしなければならないものではない。それは知られている。しかし復活され刷新されなければならないのである。

公共哲学は自然法として知られている。悲しいかな、この名称は語義の上で大きな混乱を生じさせる。[8] この哲学は西洋社会の諸制度の前提であって、公共哲学を遵奉しない社会ではそれらは機能できないと私は信じている。この哲学の諸前提を除いてしまうと、人民の選挙、多数決、代表議会、自由な言論、忠誠心、所有、法人、自発的結社について、理解して運用できる概念へと到達することはできないのである。最近参政権が認められるようになった民主主義諸国ではこれらの制度が受け継がれているが、その制度の創設者たちはみな、様々な自然法学派のうちのいずれかの遵奉者たちだった。

私たちの時代においても、公共哲学の基礎の上に建設された諸制度は、依然として存続している。しかし、その制度を運用しているのは、この哲学を教えられてもいないし、もはやそれを遵奉してもいない衆人〔公衆〕である。ますます人々は制度の内的な原理に疎くなっている。問題は、この疎遠が克服されうるかどうか、それはいかにしてかであり、文明的品性の伝統の断絶が修復されうるかどうかである。

言うまでもなく私は、新古典主義的ないし新中世主義的な復古によって、あるいは封建主義、フォーク・ダンスや手工業への一種の空想的な回帰によって、その断絶が修復されうると論じようとしているのではない。私たちは近代を消し去ることはできないし、私たちを現在のようにした歴史を逆転させることもできない。科学の進歩、合理主義や世俗主義の普及、産業革命、習慣的事物の秩序の崩壊、人口の急激な増加があたかも全くなかったかのように、もう一度初めから出発することは私たちにはできない。痛切な問題は、失った文明的品性の伝統との生き生きした接触を現代人は築くことができるかどうか、できるならどのようにしてか、ということなのである。

事態は極めて明らかに見込み薄に見える。現代の生活様式には根本的な新しさが存在する。感じ方や思考様式の風潮は急激に変化した。現代人はまず、文明的品性の伝統は古臭くなったがために放棄されたのではないということを納得する必要がある。現代人が信じない根源の一つがこの点であり、その根深さを否定することはできない。公共哲学が近代科学の進歩と産業革命の以前から存在している以上、私たちが生きている現代に、直接的かつ実際的に妥当なポジティブな教義を示すことをどうして期待できるだろうか。

今や、もともとの原理や指針が、この時代の環境での生活様式に具体的な規則やパターンを示すことは明らかに全くできそうもないように見えると認めなければならない。アリストテレスからバークに至るまでの政治学の古典を読み返してみても、現在目の前にある具体的な諸問題、すなわち外交や国防、貿易、税金、物価、賃金など、差し迫った課題に対する解答は得られないだろう。また、そのような古典は、自動車の修理、ポリオ〔急性灰白髄炎〕の処置、あるいは原子核分裂の処分については何も語ってはいない。あれこれをいかにして行うかを知りたいと思っている多忙な人のハンドブックとしては、嘆かわしいことに今では時代遅れである。それらの言葉は古風であり、慣用句は見慣れないもので、描かれているイメージには馴染みがなく、実用的な教訓は忘れられた諸問題に向けて述べられている。

しかしこのような不適切さと遠さは、長い間に積った塵《ちり》であるかもしれない。その間、哲学者や学者たち、一般の教育者らは、公共哲学を屋根裏部屋に追放してしまい、もはや現代の進歩的な人々には無用なものだとして取り扱ってきた。公共哲学は、放置された哲学である。数世代のあいだ、この哲学を公共政策の実務に関わる議論で用いることは、例外的で、実に変わったことになってしまった。放置〔という言葉〕が、その荒廃した状態をよく説明するだろう。これが説明として正しいのなら、私たちが再生の問題を探究する励ましになるだろう。現代人はもう一度、文明的品性の伝統と生き生きした接触を築けるだろうか。少なくとも一度は、かつてそのようなことが起こった。その伝統は古代ギリシア・ローマの世界にはっきりと現われ、西ローマ帝国の凋落と没落によって西洋では没してしまった。しかし後になって、発見と進取の気性、独創性の大いなる開花のうちに復活し、刷新され、そして改修された。学問の復活は、コロンブスのアメリカ発見に地図を提供したわけではなかった。しかしコロンブスとその同時代人たちが、自己自身とその可能性を発見するのに役立った多くの人間的叡智を生んだのである。

古代世界はこれらの伝統が正しくなかったがために崩壊したのではないということを私たちは想起してもいいだろう。沈められ、放置され、見失われてしまったのである。その伝統を遵奉する人々は、この伝統とは縁のない異邦人によって打倒され代わられて、衰える少数者となってしまったからである。異邦人たちには、この伝統が授けられることも採用されることもなかったのである。歴史的環境は明らかに非常に異なっているが、そのようなことが、現在再び起こりつつあるのではないだろうか。

4　理性的秩序の普遍的な法

バーカーいわく、二〇〇〇年以上もの間、ヨーロッパの思想は人間の理性的能力が普遍的妥当性を持つ法と秩序の共通概念を産み出しうるという理念の影響下にあった。この概念は最初にゼノンとストア派によって理論として定式化された。それがローマの法律家たちによって摂取され、キリスト教の神父たちによって採用され、聖トマス・アクィナスによって再確立、修正された。そしてルネッサンスと宗教改革の後で、新たな定式として一八六六年のイギリス革命と一七七六年のアメリカ革命の哲学を提供した。この理念の寿命が長く、とりわけあらゆる時代に繰り返し復活したということは、広汎で繰り返し生じる人間の必要《ニーズ》をこの理念が反映しているということを示しているように見える。すなわち、繰り返し生ずる政治の問題に直面している実際的な政策問題とこの理念が関連しているということである。

理念が単に月の光や蜘蛛の巣のようなものではないということは、歴史によって証明されている。バーカーの語るところによると、紀元前三三年にアレキサンダーは帝国を計画していて、そこにおいては、自らが同時にギリシア人とペルシア人の君主になり、ギリシア人もペルシア人も等しく兵役を課せられ、そして互いに婚姻関係を結ぶよう奨励しようとしていた。これは革命的な理念だった。その当時リュケイオンで教授していたアリストテレスは、アレキサンダーに助言して、二つの世界——

ギリシア人の世界と野蛮人の世界――を同じ政治システムに入れるような政策に反対した。アリストテレスはアレキサンダーに、ギリシア人を指導者とし、ペルシア人を主人として扱うように助言した。

しかしアレキサンダーはその助言を拒絶した。確かに実際上の理由があったが、またおそらく理想主義的な理由もあった。彼は「「人類をギリシア人と野蛮人とに分ける人々に同意することを拒み……人間を単に善人と悪人とに分ける方がよいと言明した」エラトステネス〔次の世紀のアレキサンドリアの学者〕によって後に宣明された政策の精神で行動したのである[9]」。

この政策の採用にあたりアレキサンダー大王は、ゼノンとストア派の学者たちがほどなくして教えるようになることを、その行動で先駆けたのである。――すなわちプルタルコスがはるか後年に書いたように「人々は、多くの公民的共和国に分かれて、正義の異なるシステムによって互いに分け隔てられた生活を送るべきでない。すべての人々を自分たちの同胞とみなすべきであり、そして言わば、一つの共通の法の下に、共に餌を食べる共同牧場の群のように、一つの生活と一つの秩序（コスモス）が存在すべきである[10]」ということである。

私たちはここで、ゼノンとストア派の哲学者たちがほどなくして教えるようになることを、アレキサンダー大王が行動で先駆けたという事実を特に心に留めておかなければならない。これは、理性的秩序の理念が、単に一つの魅力的で崇高な概念であるのみならず、巨大で異質なものから成る諸国家の統治においては不可欠な前提でもある、ということを示している。アレキサンダーは、アリストテレスの反対の教えにもかかわらず、この理念に到達したのである。彼は実際の経験によって、ギリシア人とともにペルシア人をも含んだ帝国には、両者にともに当てはまる一つの共通法が存在しなければならないということを、余儀なく認識するに至ったのである。法がギリシア人にもペルシア人にも共に有効であるためには、相当の程度において彼らの同意を必要とした。ペルシア人はただ命令され強制されるわけにはいかなかったのである。

事実、ギリシア人であったアレキサンダーによってペルシア人に対して様々な法律が公布されたので、アレキサンダーの法律が反映しているのは、ギリシア人の意見と意図以上のもの、ギリシア人もペルシア人も同じように拘束するものであるとペルシア人に納得させることが必要であった。それは理性によって善悪を識別する能力であった。この能力はギリシア人だけに特有のものではなく、ペルシア人とギリシア人との両者に共通のものだったからである。

アレキサンダーは、大規模で多元的な社会は、多元的な諸利益を超えて、上位にある一つの共通法を伴う理性的秩序が存在することを認めなければ治められないということ、ゼノンが直《じき》に理論的に定式化することを経験的に発見したのである。この共通法は、理性的な人なら誰でも発見できるものであり、決して主権の故意の恣意的な命令ではないという意味で「自然的」である。[11] これは必要不可欠な前提であり、それなくしては、対立する利益を持つ異なる民族が一つのコミュニティ〔共同体〕の中で平和と自由の下で共に生きることは不可能なのである。

ローマの法律家たちは、アレキサンダーが先駆けたこと、そしてストア派の哲学者たちが教えたことを練り上げた。バーカーによれば、キケロの時代までに法についての三つの異なるグループと概念とが存在した。[12] 第一のものは市民法（*ius civile*）と呼ばれ、ローマの市民にのみ適用されるもの。第二のものはローマの裁判所によってあらゆる商業上の事件に適用される商法典で、万民法（*ius gentium*）

として知られる「帝国全体にわたる契約の共通法(13)」であった。

万民法はあらゆる国家の法律のなかで、特殊的・地域的なものと区別され、共通・普遍的なものを含んでいると考えられた。この通商に関する実際的な共通法の上に、ローマの法律家たちはさらに「人間の種々の必要《ニーズ》と本性に応えて、共通の人間本性すなわち理性によって人類に課せられた法(14)」である自然法（*ius naturale*）が存在するということを理論において認めたのだった。バーカーによれば、これ〔第三のもの〕は「現実の法廷で施行される実定法典」ではなく、「ものごとを見る一つの見方――すなわち裁判官や法律家の心中にある「人道的な解釈」の精神――であり、実際に施行される法律に影響を及ぼすかもしれないし、事実影響を及ぼすのであるが、実定法自身としてではなく影響する」のである。

普遍的な理性的秩序という理念は、ローマ法において実質的でかつ効力あるものになった。これは事実、西洋世界に平和と秩序をもたらした偉大な社会の法であった。ローマの平和という記憶は、西洋人の意識のなかに消すことのできないほど強く刻印されている。ローマ帝国の没落後、ある程度はほぼ至るところで施行され、至るところで教えられたローマ法は「国際文明の法であり、比較的に普遍的なもの(15)」として認められた。

一五〇〇年以後、新時代の始まりとともに、ローマ法はユスティニアヌス法典（*Corpus Juris*）として法典化、要約されて、普遍的な人間理性の具体的な表現とみなされた。バーカーが言うには、「自然法という概念は実際には何を包含し含んでいるのか」という質問が出されるようになったとき、中世一般を通じ、そして一五〇〇年以後の新しい自然法学派の台頭に至るまでの間、その解答は「ローマ法の全部を包含し含んでいる。それは全体として、高度に理性的であり、かつ普遍的に普及し、それゆえに自然的である」[16]とする傾向があったのである。

5　現代における断絶

およそ一五〇〇年頃から一八〇〇年頃まで隆盛を極めた新自然法学派は、近代の多元主義に対する応答だった。すなわち国民国家の勃興、教会の分裂、国際貿易の開拓と拡大、科学と世俗主義の進展、進行する労働分業化と専門化への応答である。信念や意見、利益の相違が大きくなるにつれて、共通の基準と共通法の必要性が、一層切実となったのである。

新自然法学派は一八世紀の末まではこの要求に応えることができた。それはイギリスやアメリカの立憲的秩序と、そこから派生するものの創設を統括するためには長い間十分であった。しかしこの自然法学派は、後期近代の多元主義——すなわち産業革命と一般大衆への参政権付与とその解放から生じた多元主義——には対処できなかった。

一八世紀の単純で比較的同質的な社会においては、自然法は自由国家の原理を提供した。しかしその後、そのような思考様式は時代遅れになった。一九世紀には、この古い理念を改鋳することはほとんどなかった。頑迷で間違っており、民主主義の台頭に敵対的だとみなされ、反動主義者たちのもとに放棄されてしまったのである。理性的秩序への偉大な準拠枠は見失われていった。国際関係を調整したり、産業革命や科学技術の進歩によって提起された問題に対処したりする、特定の原理と指針の統一体は全く練られなかった。

とは言えこの多元化され断片化しつつある社会においては、共通の拘束力ある原理を伴った公共哲学がそれまでよりも必要だった。この必要性の証拠は、エーリッヒ・フロムが巧みに描写した自由からの逃走という衝動に見出される。[17] これは、権威からの大衆の解放が、真と偽、正と不正についての公共的、一般的、客観的な基準の崩壊とをもたらすにつれて、ますます強くなってきている。アンドレ・ジッドは一九二八年に「断言するが、自由（freedom）の感情は、魂を一種の苦悶のなかへと陥れることがありうる」[18]と書いている。

「私たちは、ある種の直接の個人的な経験によって、私たちの内奥から、……西洋文明は着々とその崩壊過程を辿ってきたことを知っている」[19]と、両大戦間に書物を著したジルソン〔エティエンヌ・――。一八八四－一九七八。フランスの哲学者。中世キリスト教哲学史を専門とする、ネオトミズムの代表者の一人〕は言っている。同様に、シュペングラーの有名な『西洋の没落』が一九一八年にはじめて出版されたが、それは大戦勃発前に書かれたものであった。

しかし、私たちの時代の歴史的苦難が発生するまでは、近代人の孤独と不安は私的なものであって、公共的な意味、表立った政治的意味をもたなかった。公共的秩序により外的安全がまだもたらされていた間は、彼らの内的不安は依然として個人的で、私的で、内向きの事柄にすぎなかった。第一次大戦中の公共的秩序の崩壊以来、大勢の人にとって安全は全くなくなり、誰にとっても心の平安がなくなった。

ヒトラーは公共的無秩序のなかにずっと暮らしながらそれを観察し、内的無秩序がそれから逃避しようとする衝動をいかに刺激するかということを知って、自分の教義を構想した。彼は人間の弱さに対して天才的な洞察力を持ち、著書『我が闘争』のなかで次のように述べた。大衆は「弱虫を支配するよりもむしろ強い男に服従する……女性のようなものである。……大衆は哀願者よりも支配者を好み、そして内心、彼らは自由主義的な自由を許されるよりも、いかなるライバルも許容しない教義にはるかに満足する。彼らはしばしば、自由をどのように処置すべきかに当惑し、かえって自分たち自身が見棄てられていると簡単に感じてしまいすらする[20]」。

ヒトラーが支配しようと目論んだ大衆は、先祖から受け継いだ秩序の拘束からの自由を、指導と支援を失うという点で堪えられないものだと考える現代人である。ジッドとともに大衆は、自由の重荷はあまりにも大きな不安であることを見出しつつある。古い社会構造は分解しつつあり、大衆は困難の時代を突き進まなければならない。彼らは、より高度の生活水準に向かっての堅実な進歩を期待するように教えられてきたが、外界での長引く危機のフラストレーションや、自身の自己中心的な孤立の寂しさを耐える準備はしていなかった。

大衆は、自由がもたらす解決しえない困難を処理できず、公共的で共通の真理を共にできなくなることに堪えられないので、自由に反対して立ち上る人々である。今世紀の自由民主主義諸国において知った自由の原理と実践の中には、自分たちの必要に対するいかなる解答も、苦悶に対するいかなる救済策も、見つけられなかったのである。大衆の経験には方向感覚の深い喪失があり、そしてその心にある観念と魂の必要とのあいだには、根本的な断絶が存在している。彼らは、リースマンが描写した「孤独な群衆[21]」となってしまったのである。彼らは、デュルケームの言ったアノミー〔社会規範がなくなった混乱状態〕プロレタリアーの大衆である[22]。彼らは、トインビーが言うところの、生きているコミュニティ「の」プロレタリアートではあるが、その「中」にはいない。なぜなら彼らは「ただ物理的に存在するという事実以外には、そのコミュニティの中に何らの「権益」も」持っていないからである。彼らの「真の特徴は……貧困でも、また賤しい生まれでもなく、継承すべき地位を奪われているという意識――そしてこの意識が喚起する怨恨――である」[23]。カール・ヤスパースが言っているように、彼らは「無名《アノニム》の大衆」の中へと溶けた人々である。なぜなら、彼らには「本当の世界がなく、来歴も根源《ルーツ》もない[24]」からであり、すなわち、それによって生活しうる信念と信仰がないからである。

第9章　公共哲学の刷新

1　信ずる能力

現代人が往々にして安堵しながらしばしば熱情をもって背を向ける自由は、実は自由の虚ろなぬけ殻である。今日における自由の理論では、人々が何を信ずるかは当人にとっては大切かもしれないが、公共的重要性がほとんどないと考えられている。自由な生活様式の外側の防御は、信念の強制を禁ずる法的な保障に立脚している。しかし、公共哲学はなくなってしまったので、この城塞は空である。自由の防衛者たちが共同で防衛しなければならないものは、ただ公共的中立と公共的不可知論のみなのである。

しかし、私たちが公共哲学の必要を明らかにしても、いかにしてその必要性が満たされうると証明するのだろうか。(1) 確かにそれは、どんなに雄弁でも、現下の危険の巨大さに対して立ち上がることを熱心に勧めることによってではないし、まして過去の栄光や壮大さを嘆くことによってでは、ますますないだろう。この議論が向けられている現代人には、目に見えないもの、触れることのできないもの、そして計り知れないものを信ずる能力が低いのである。

熱心に勧めることにより、信ずる意志を捕えることはできる。しかし信ずる意志がないわけではない。現代において厄介なのは、私的な利益や欲望を制限し抑制する指針を信ずる能力が低いことである。これらの抑制が必要という確信は、一度根本的に損なわれてしまってからでは、回復することが困難である。もちろん公共的原理を独裁的政府によって押しつけることはできる。しかし自由社会の公共哲学は、命令や力によっては回復できない。アノミー〔社会的無秩序〕的状況の土台に横たわっている不信と取り組むには、私たちは公共的基準の妥当性に対する信念を再建する方法を見出さなければならない。私たちの政治的道徳性が湧き出る確信を刷新する必要があるのである。

いま優勢な大衆文化では、あらゆる哲学は誰かの目的の道具であり、あらゆる真理は自己中心的で自己に関するものであり、そしてあらゆる原理は特定の利益の正当化である。投票者・消費者・読者・聴衆という圧倒的な大衆がたまたまちょうどそのとき欲しがっていると思われるものを超えては、真と偽、正と不正についての公共の基準は存在しないのである。

「証明されれば否定することはできない一定の原理が存在し、故意に非理性的な人間しか否定できない。自由社会に傾倒するすべての人を拘束する一定の責務が存在し、故意に破壊的な人間しかそれを拒めない」ということが現代の懐疑主義者に証明されるまでは、このような心の状態を変えられると考える理由は存在しない。

「以上のようなことがらが現代の懐疑主義者たちに対し証明されない限り、アノミー的状況は正されることはない」と私が言うときは、懐疑主義者たちが証拠を間違いないと思わなければならないことを意味している。懐疑主義は、それを信ずる人間を無理やりに順応させることによっては治せない。強い信念を持っていないのであれば、従わせるようにすれば通常は順応するだろう。しかし、政府か群衆によって強いられたというまさにその事実が、公式の教義には、完全な確信をもたらす証拠や理由において何かが欠けているということを証している。不寛容への殉教者の血の中にこそ、不信の種が存在するのである。*1

公共哲学を信ずる能力を修復するためには、公共哲学が実践的に妥当であって生産性が高いことを証明することが必要であろう。その高く広い一般性を否定することはほとんど不可能である。難しいのは、いかにして現代国家の実践的な事柄に適用されるべきかという点である。

ある意味では私たちは次のところまで戻ることになる。すなわち、ローマの法律家たちが万民法を練り上げて自然法に関連させて説明する以前に、多元的社会では共通の法律が差し迫って必要だと理解したアレキサンダー大王や、より高い一般性を定式化したゼノンのところまで戻るのである。では、もし実践的に差し迫って必要であり、より自明な一般性があるとすれば、私たちは現代の諸条件の下で、善き社会について機能するポジティブな教義を発展させることができるだろうか。この疑問に対して私が与えようとしている解答は、公共哲学の理念が見識と名望をそなえた人々（men of light and leading）の心の中で回復して再確立されるならば可能であるというものである。

2　例として——所有理論

それでは、私たちの公共生活における幾つかの重要なトピックに公共哲学を適用することによって、この事柄を吟味してみることとしよう。

まず、私的所有の理論から始めよう——公共哲学喪失と伝統断絶の以前と以後においてである。それには、一八世紀中葉に活動していたブラックストン〔ウィリアム・——。一七二三－一七八〇。イングランドの法学者。『イングランド法釈義』で知られる〕が私的所有について論じていることを検討するのが、都合がいいだろう。ブラックストンの考えは古典的伝統のなかで形成された。しかしブラックストンの世界は変動の最中にあり、彼はその新しい諸環境に対処すべく伝統を活用するという創造的努力ができる人ではなかった。

ブラックストンは、生命の安全が第一で、個人の自由が第二であり、そして所有は「すべてのイギリス人が生まれながらにして持つ第三の絶対的権利である」と宣言した。[2] しかし、文明人として、彼はただその絶対的権利を主張する以上のことをしなければならなかった。彼は、その絶対的権利が理性的に正当化されうる「基礎と根拠をもっと深く吟味し[3]」なければならなかった。

優雅でしかも堂々たる散文の行間にも、ブラックストンの当惑を読みとることができると私は思う。彼の伝統に従えば、所有はそれに対応する互酬的な権利と義務のシステムとしてのみ理性的に正当化されるのである。公共哲学においては、所有権であれその他何ものであれ、他の人々に影響を及ぼすことについて、絶対的権利という考え方が受け入れられることはありえない。絶対的な権利の主張は、法と文明的品性の境界の埒外である。このような〔絶対的な〕所有概念は、私的所有の主要な形態が農地にある社会において、最も容易に理解できる。土地は目に見えるものであり、その産物はだれにでも知られている。このことがそれに対応する権利と義務の規定を容易にする。たとえばヒエラルキー〔階層制〕のなかで、地主が彼の下にいる小作人や日雇い労働者に対し、また彼の上にいて税や役務を要求する主権者に対して持つ権利と義務について、である。

ところが、所有の主要な形態が無形のものである場合、権利と義務を規定することの難しさははるかに大きい。ブラックストンが書いていた時期のイギリスは、勃興しつつある商業国であり、土地所有に基礎をおく社会の比較的単純な問題は、財産が金銭として、商業手形、株券および債券として所有される経済の問題に、取って代わられていた。無形所有に対しては権利を主張することは容易であるが、その義務を規定することは難しい。しかし規定がなされなければ、所有は一般法の下に置かれないこととなってしまう。

ブラックストンは、ある点では悲劇的な人であった。受けた教育のおかげで、正しい方向は、無形所有を公共の諸基準の下に置くように目指して努めることであるとほのかに感じとっていた。とは言え、あれこれの理由によってそれを受け入れなかった。しかし彼は悩んだ。「一人の人間が、この世界においてあらゆる他人の権利をも完全に排除して、世界の外的事物に対して主張し行使する唯一の暴政的支配権」ほど、「一般的に……人類の気を引くものは……ない」ということを知っていた。しかし同時に、西洋の文明的伝統のなかに深く浸っていた人間として彼は、取得と所有の衝動に対して理性的な限界がなければならないということも知っていた。世慣れした人間として、すなわち彼の世界と、来たるべき世界に通じた人間として、彼は、台頭しつつある資産家たちが自分たちの絶対的権利を制限する責務についていかに耳に入れたがらないか、ということも知っていた。

それゆえ彼は、いくらか残念に思いながらも、恐らくは直観的な予感をもって、次のように書いたのである。「私たちは所有物に悦びを感ずるけれども、それを手に入れた手段を振り返ることを恐れるようである。私たちの権原（title）に何か欠陥があることを恐れるかのように。……すなわち次のようなことについて、（正確に、そして厳格に言えば）自然や自然法の中に全く根拠がないことを省みたがらない。——なぜ証書の上の一連の言葉が土地の所有権を伝えなければならないのか。なぜ父が息子より前にそうしたからという理由で、息子が同胞を土地の決まった場所から排除する権利を持つべきなのか。なぜ特定の畑や宝石の占有者が、死の床に横たわっていてもはや所有し続けることができないとき、この世の他の者たちに、その内の誰が彼の死後それを享有すべきか告げる資格を持つべきなのか[4]」。

ブラックストンは、財産所有者の「唯一の暴政的支配権」に挑戦する以上のような疑問は「日常生活においては無益で、わずらわしくさえあるだろう」と考えた。彼は世慣れした人間として、「人類の大部分が、制定された諸法律に、制定の理由をあまりにも綿密に精査しないで従うのなら、それは結構なことだ」と言わざるをえないと感じた。しかしまた、文明的品性の伝統のなかで育成された人間として、絶対的所有についての「私たちの権原には欠陥」があるのではないかという疑問を無視することはできなかった。そして「理性的学問」の解説者として、彼は私的所有の古典的概念を詳説せざるをえないと感じたのである。彼は次のように言っている。すなわち人間の所有は、土地に関する法律による以外には、いかなる統制も縮小もなく、すべての自身の獲得物を自由に使用し、享有し、そして処分することにある。私的所有の原型は恐らく自然のなかに見出される……しかし確かに、私たちが現に見るような修正、すなわち現在の所有者においてそれを保有する方法や、それを人から人へと移譲する方法は、全く社会に由来するものである。そしてそれは市民的便益の一部であり、〔その便益は〕すべての個人が自らの自然的自由の一部を放棄して代わりに得たものなのである。(3)

すなわち、所有権は国家の法律が創造したものである。そして法律は変更されうるので、絶対的な所有権は存在しない。そこにはただ所有物を行使し、享有し、処分する法的権利があるだけである。法が所有物の行使、享有、処分譲渡の権利を規定し、裁判所が施行するであろう。

なぜならば、とブラックストンが言うには、

土地とその内にある一切のものは、創造主の直接の贈与に基づき、他の諸生物を除く全人類の一般的所有物である。

次のことは、土地を最も十全に享有するためであり、かつ、ただそのためのみである。

……イギリスの議会は、所有しうるすべてのものに合法的で確定的な所有者を割り当てる〔強調は引用者〕という賢明で秩序だった格率を堅実に追求することによって、市民社会の遠大な目標たる個々人の平和と安全を普遍的に促進した。[6]

このように考えるならば、私的所有を、土地と天然資源に対する「唯一の暴政的支配権」を行使する絶対的権原を何人かに与えるものとは決してみなせない。究極の権原は所有者にあるのではない。それは「人類」にあり、統合的〔団体的〕コミュニティ〔共同体〕としての人民にあるのである。世襲財産に対する個人の権利は法律の創造物であり、法律で定められているということ以外に、なんらの妥当性もない。私的所有を確立した法律の目的は、原始人の獲得および所有の本能を満足させることではなく、「個々人の平和と安全」を含む「市民社会の遠大な目標」を増進することにある。

法的所有者は、すべての人々に属する有限の必要物を使用できるからといって、その所有物の主権者たる君主にはなりえない。所有者には、絶対的でそれゆえ恣意的な意志を実行する資格はない。所有者はその権利に伴う義務を負う。その所有権は、自身の私的目的ではなく共通の社会目的を達成するために、法律で授与されたものである。そしてそれゆえ、所有の法律については、社会の目的を促進する権利と義務の特定的システムを規定するために判断し、再検討し、必要なら修正するかもしれず、またそうすべきである。

これは、「唯一の暴政的所有権」という僭称的主張を否定する私的所有の教義である。良心の呵責にもかかわらず、ブラックストンが唯一の暴政的支配権を容認したとき、彼は公共哲学および文明的品性の伝統と絶縁したのである。この絶縁以後、世に知られた理論家たちは退行し、私的所有を絶対的権利であるとする考え方を発展させた。しばらくの間、政治哲学、法理学および立法から、所有は権利とともに義務を伴うという観念はほとんど排除された。

絶対的な私的所有は不可避的に、堪えがたい害悪を産み出した。絶対的な所有者たちは、隣人たちと子孫たちに深甚な損害を与えた。所有者たちは土地の肥沃さを荒廃させ、地下の鉱物を破壊的に開発し、森林を焼き、そして切り払い、野生生物を殺し、河川を汚し、供給品を買い占めて独占を形成し、土地と資源を使用できなくし、取引能力の弱い賃金労働者たちを搾取した。

そのような絶対的所有権の濫用に対して、政治学者たちや立法者たちには何ら救済策もなかった。彼らは、所有権は社会的目的のための法律による創造物であるという伝統を失っていた。法律が所有権の濫用に対処できるような原理を全く持っていなかったのである。そのため一九世紀の個人主義者たちは、私的所有システムを改革して近代の環境に適応させることにより、それを擁護し保持することができなかった。彼らは所有権については多くを知っていたが、それに対応する義務についてはほとんど知らなかった。それで、私的所有権の濫用に対する法的救済策は全くなく、所有を理性的に正当化する義務はもはや規定されず施行もされなかったので、私的所有の理念は理性的正当性を失ってしまった。

所有権の保持者たちと、多くの国で多数者となった無産者たちとのあいだには、その結果、紐帯も、理性的な言説の同じ領域における意見の一致も全くなくなってしまった。プロレタリア階級には、所有者たちの権利を尊重する義務があった。しかし所有者たちには、プロレタリア階級に対する互酬的な義務が全くなかった。プロレタリア階級たちには、その責務の中にも自分たちの権利を見出すことができなかったのである。このようにして「二つの国民」という不吉な現象が起こり、土地を所有する人に、失うべきものを何も持たない人々が対決した。後者が前者を数において上回った。彼らが選挙権を獲得するにつれて、民主主義諸国の国内政治における主要問題は、あまりにも多くの絶対的所有権を持つ少数者と、あまりにもわずかの所有物しか持たない有権者大衆とのあいだの闘争になってしまった。

この闘争には、二つの結末が可能であったし、今でも可能である。すなわち漸進的、累進的で、そして恐らく最後には資産家からの暴力的な所有物収用か――それとも適切な義務を復活させる所有法改革か、である。しかし、ブラックストン以後の数世代の間、義務のシステムとしての所有という理念そのものが覆い隠されていた。公共哲学は見棄てられ、一九世紀には最も人道的で啓蒙された人々にすら、いかにして理性的改革が可能かという観念がほとんどなかった。選択肢は、増大する無産者の不満に対して絶対的所有権を守るか、それとも私的所有を廃止するかというものに見えた。それは危険で誤ったジレンマだった。しかし一九世紀にはそれが〔現実の〕ジレンマとなった。個人主義か集産主義か、マンチェスターかマルクスか、少数者の力によって維持される絶対的所有か大衆の独裁によって廃止される絶対的所有か――、どちらかの選択だと言われたのである。

ブラックストンの事例は、異なった、より良い所有理論が可能であることを示していたのである。もし彼やその継承者たちが公共哲学を遵奉していれば――もし継承者たちが、ブラックストンがかくも巧みに述べた原理を、捨てる代わりに用いていれば――可能だったのだ。土地は全人類の一般的な所有物である。私的所有の権原は、市民社会の遠大な目標を促進するため立法権によって割り当てられる。それゆえ、私的所有は法的な権利と義務のシステムである。諸条件が変化するなかでも、そのシステムは市民社会の遠大な目標に沿って保たれなければならない。

ブラックストンとその継承者たちは、これらの原理から法的命題を練り上げることはなかった。(7) 私は、彼らがそうしていたとしたら事態はましだっただろうと主張しているのだから、これらの原理の妥当性は何かと自問してみよう。これらの原理は、交通規則のような、ただ交通整理のための装置なのだろうか。単にその程度のものであるならば、左側を運転しなければならないイギリスの交通規則のように、似たような違う一連の仮定もまさしく正当になりうるであろう。〔そうであるならば〕全く異なった仮定の上に――例えば、土地は白人や白人の中の支配人種のみの一般的所有物であるとか、あるいは前世において罪を犯さなかった階級のみの一般的所有物であるという仮定の上に――所有システムを建設することもできるだろうし、事実人間はそうしてきたのである。しかし原理がそれ以上のものであるならば、すなわち、そのような特殊な要求を無効にする妥当性を持つならば、妥当性を与える美徳（virtue）は何なのか。

それは、人間社会の理性的秩序の法である――すべての人が、誠実かつ明晰に理性的である時にその法を自明とみなすだろうという意味において。理性的秩序は、この世において善き生のための人間的能力を発揮できるように満たすべき条項から構成される。それは、多元的社会における理性的な人々が最も広く合意する条項である。関係者すべてが誠実かつ明晰に理性的であるならば、収斂すると期待できるような命題である。アフリカはオランダ人植民者たちの子孫に属するということに、意見の一致は断じてありえないだろう。そしてそのような僭称的主張に基づく所有システムは、一般的に受け入れられるものではなく、混乱を引き起こすだろう。古典的な教義には、その教義に基づく所有システムはコミュニティにおいて一致した支持を得られるだろうし運用できる見込みがあるという点で、より優れた妥当性がある。

これらの原理を自然法と言う時、私たちは注意しなければならない。天体の運行の法則のような、科学的な「法則」ではない。人間の行動をあるがままに記述するものではない。どうあるべきかを定めるものである。人間が現実に行うことを私たちが予測できるようにするものではない。西洋の文明的品性の伝統によって統べられる、善き社会における正しい行動の原理なのである。

全く別の原理の上に国家を組織し政府を運営することは可能である。しかしそこから得られるものは自由や善き生ではないだろう。

3　例として——言論の自由

公共哲学を遵奉するコミュニティのなかでのみ、思考する自由や、質問したり述べたり出版したりする自由のための確実で充分な根拠が存在する。好きなことを好きなときに発言する無制限の権利があるという主張を、原則として正当化することは誰にもできないし、実際にはなおさらありえない。例えば、ホームズ判事が言ったように、混雑した劇場のなかで「火事だ」と叫ぶ権利などありえない。*2 客にガラス玉をダイヤモンドと告げることや、大統領選の対立候補をソ連のエージェントだと投票者に言う権利もありえない。

言論の自由が西洋社会の中心的な関心事となったのは、ソクラテスの対話で例証されたように、弁証法こそ真理、とりわけ道徳的、政治的真理に到達する主要な方法であるということをギリシア人たちが発見したからである。アリストテレスは「問題の両面に向かって疑問を提出することができ」る能力によって、「個々の場合における真と偽とを容易に見つけられる」(8)と言っている。自由に話す権利は、真理への到達に必要な手段の一つである。だからこそ、話すということの主観的な喜びではなく、自由が善き社会に必要なのである。

これは、ミルトンが著作『アレオパジティカ』の中で、いかなる書物もまず当局による許可なしには印刷し販売してはならないという議会の命令(一六四三年)に反対して次のように論じた理由であった。

現在の人間の状態がこのようなものである以上、悪についての知識なくして、選択する叡智も、慎むべき節制も全くありえないのではないだろうか。……それゆえ、この世界において悪について知り検証することは人間の徳を構成するために極めて必要であり、誤謬を吟味することは真理の確定のために極めて必要である。あらゆる種類の書物を読みあらゆる推論に耳を傾けるよりも、私たちはどうすれば一層安全に、そしてより危険少なく、罪と虚偽の領域の中に立ち入って偵察することができるのだろうか。(9)

弁証法という方法は、論争における賛成と反対を通じて真実の理念に到達するように、ある理念を反対の理念と対決させることである。しかし、論争は力くらべとみなされるべきではない。それは解明の手段でなければならない。ソクラテス的な対話において論争者たちは、そのいずれもが、論争を始めたときより一層大きな叡智を獲得するために、協力して議論している。ところがソフィスト的な議論では、ソフィストは、問答法ではなく弁論術《レトリック》を用いて、躍起になってその論点で勝とうとする。アリストテレスによれば、「この両者とも同じように、多かれ少かれ、あらゆる人々の一般的知識の範囲内であり、いかなる明確な科学にも属さない[10]」。しかし「問答法は批判の過程であり、あらゆる探究の原理への道はそこにある[11]」のに対して、「弁論術は説得の様式に関わっている[12]」。

批判の過程としての本来の目的と正当化から離れてしまえば、思想と言論の自由は自明で必要なものではない。真理を発見しようとする希望と意図からのみ、自由にはあれほど高い公共的重要性が得られるのである。自己表現の権利は、それ自体としては、公共の必要事であるよりはむしろ私的な快適さにすぎない。つまらない言葉が真実で重要な発言に伴うという想定がなければ、言葉を発する権利は、意味を持っていようといまいと、真理かどうかにかかわらず、偉大な国の死活的な関心事ではありえない。

しかし、愚かさ、卑劣、惑わしといったつまらないものがあまりに多くなり、真理の核心を覆い隠すようになると、言論の自由があまりに浅薄さや害悪を生むので、秩序や品位を回復するための要求に対して維持できなくなるかもしれない。もし自由と放縦とを分かつ境界線があるとすれば、それは、言論の自由がもはや真理への手続きとして尊重されず、ただ人々の無知を食い物にして激情をあおる無制限の権利となるところである。そのとき言論の自由は、詭弁、プロパガンダ、我田引水、陳情、売り込みといった喧騒になってしまい、なぜ言論の自由を苦労し努力してまで擁護しなければならないのか、思い出すことが困難となる。

このような喧騒のなかで失われてしまったものは、自由に話す権利の中に含まれている責務の意義である。それは、言説を批判と討論に委ねるべき責務である。弁証法的な討論は道徳的、政治的な真理に到達するための手続きなのだから、発言権は、進んで討論することによって保護されるのである。

公共哲学においては、言論の自由は意見の対決のための手段と考えられる——例えばソクラテス的対話、教授の討論、科学者や学者の批評、法廷、代表議会、公開討論会のように。

［ジョン・スチュアート・ミルいわく］聖人の位を認める際には「悪魔の代弁者」を議論にくわえて、反対論を辛抱強く聞いている。とりわけ優れた聖者でも、悪魔が浴びせうる非難の言葉をすべて聞き、検討するまで、死後に聖人に列して栄誉をたたえることはできないとされているようだ。別の例をあげるなら、ニュートンの自然哲学すら、疑問をさしはさむことが許されていなければ、われわれはその正しさをいまほど強く確信することはできなかったはずだ。このように、とくにしっかりした根拠がある見方すら、その見方について安心感を得るためには、世界全体に対してその根拠の間違いを証明するようつねに呼びかけていなければならない。間違いを証明しようとするものがいないか、証明しようとしても成功するものがいない場合にも、確実だといえる状態にはほど遠いのだが、それでも人間の理性の現状で可能なかぎりの手はつくしたといえる。

真理を学ぶ機会になりうるものは、何ひとつ無視していないのだから。反論を聞く姿勢を維持していれば、もっと優れた真理があるとしても、人間の理性が発達してそれを発見できるようになったときに、かならず見いだせるだろう。それまでの間、現状で可能なかぎり真理に近づくことができたと確信できるだろう。間違いをおかしやすい人間が達することができる確実さはこれが限度であり、また、この限度に達する道は他にない[13]。

そしてこの対決の目的は真理を見分けることであるから、そこには証拠と議会手続きという規則があり、公正な取扱いと公正な論評の規約が存在する。誠実な人ならば、意見を公表する権利を行使する際、それらに拘束されていると考えるだろう。なぜならば、言論の自由の権利は、欺きのライセンス〔免許〕では全くなく、故意に虚偽の陳述をすることはその原理の侵犯だからである。自由な国においては、人間は他人を欺くという不可譲の、ないし憲法上の権利を持っているとうそぶくのは詭弁である。人を欺く権利など存在しないことは、詐取やごまかしをしたりスリをしたりする権利がないのと同様である。私たちがほかの詐欺師たちを告発しようと試みるように、公共で嘘をついた者全員を告発することは得策ではないかもしれない。意見の問題について訴訟を奨励する法律をあまりに多く作るのは、お粗末な政策かもしれない。しかし原則としては、千変万化の形を取っていても、嘘をつくことの責任を免除することはありえないのである。

私たちの時代においてこれらの基本的諸原理の適用は、未解決の実践的問題を多く引き起こす。なぜならば、現代のマス・コミュニケーション・メディアが意見の対決に簡単に役立つことはないからである。真理発見のための弁証法的過程は、同じ聴衆が論争のあらゆる側面を聴く場合、最もよく機能する。しかし動画ではこれは明らかに不可能である。もしある映画が一つの説を唱導しているとき、その同じ観客に対し、それに応酬するために立案されたもう一つの映画を見せることは不可能だからである。ラジオとテレビ放送なら、ある程度の討論は可能である。しかし、相対立する見解を平等に聴くことができるようにし、かつ、対立する話し手が登場するようなプログラムを組み立てるように放送局が努力するとしても、放送の技術的条件は真の生産的な討論には不利である。なぜなら聴衆は、あちこちでスイッチをつけたり切ったりするので、要約された形ですら、問題のすべての重要な面について本質的な証拠と主要な議論を聞くとはみなしえないからである。真理が誤謬からふるいにかけられる過程によって多数の聴衆が便宜を得ることは稀であり、公共的問題についてはそれがほとんどない。その過程とは、即座の異議、応答、激しい追及、および反駁が行われるという討論の弁証法である。レギュラーでニュースやそれへのコメントを放送する人々は――上院や下院での演説者のようには――聴取者の一人から異議を投げかけられ、その時その場で事実についての自らの述べたことを立証し、その事実から考えたことを議論し直すように強いられることはないのである。

しかし真正な討論が欠けているとき、言論の自由は意図されているようには機能しない。その自由を規律し正当化する原理、すなわち、証拠に関する規則と論理に基づく弁証法が失われてしまっている。効果的な討論が存在しないならば、無制限に話す権利はあまりにも多くの宣伝屋、周旋人、斡旋人を公衆に放つことになるであろうから、遅かれ早かれ、人々は自己防衛のために検閲官を頼ることになるだろう。無制限で無制御に話す権利は、維持することができない。あらゆる種類の理由や口実のため、良いものにせよ、馬鹿げたものにせよ、邪悪なものにせよ、あらゆる目的のために、そういう権利は削がれるだろう。

なぜなら、討論が存在しなければ、無制約の発言は意見の劣化を導くからである。一種のグレシャムの法則により、より理性的でないものがより理性的なものを圧倒し、優勢となる意見は、最も熱烈な意志を持っている人々によって最も熱心に主張されるものとなろう。*3 そのような理由から、言論の自由は、ただ新聞や出版、放送や上映の自由に対する干渉に反対するだけでは決して維持することはできない。討論を促進することによってのみ維持できるのである。

結局のところ、人々が最も熱心に望むことは、自分たちとは意見が合わず、それゆえに自分たちの望みが実現するのを邪魔している者たちを抑圧することである。したがって、一度討論における対決がもはや必要でなくなると、あらゆる意見に対する寛容は不寛容を導く。言論の自由は、その本質的原理から切り離されると、短い過渡的な混沌を経て、結局は言論の自由の破壊に到達する。

私が思うにそこから導かれる結論は、言論の自由の行使において寛容が保たれる度合いは、現在普及していたり開催しうる討論において、対決が有効かどうかに直接関係しているということだ。たとえばアメリカ合衆国の上院においては、一人の議員はもう一人の議員によって即座に異議を出され説明を求められる。ここ上院議員たち自身の間では、すべての意見に対する寛容にとっては、状況はほとんど最高に理想に近い。(14) 反対の極では、匿名の告発が秘密裏に流布されることがある。この場合、その執筆者に異議を唱える方法はなく、自由の原理に違反せずに、探偵や警官、刑事裁判によって対処するのが適切かもしれない。そのような両極の間に寛容について多くの問題があり、それは討論における対決がどの程度効果的かということに本質的に基づいている。標準的新聞紙のように、全体的に見て討論における対決が効果的である場合には、自由が法律によって大きく制限されることはない。放送の場合のように対決が難しい場合、何らかの法的規制が――たとえば諸政党に対してフェア・プレイを保証するために――必要であるという原則も容認される。さらに映画ないしいわゆる漫画本の場合のように、対決が不可能な場合には、検閲がなされるだろう。

4 異議の限界

反革命運動によって自由民主主義諸国は厳しい圧迫と緊張にさらされてきた。自由を放棄することなく国の安全と存続をいかにして確保するか、についてである。自由民主主義諸国は大衆運動に直面しており、その運動は非友好的な外国に援助され扇動されていて、政府を乗っ取り廃止するために民主的政府の機構を用いている。ファシスト党や共産党は、権力を獲得しようと活動しているとき、そして権力を獲得するまでは、権利章典のすべての保障や、大衆政党、選挙、議会への代表、公務員の身分保障などの一切の特権に訴える。しかし権力を獲得すれば、自由民主主義的諸制度を彼らは破壊してしまうのである。それらの制度は、あたかも広い階段を昇るように、権力へと登る際に彼らが用いたものである。

自由な諸制度のこのような搾取は、これらの制度が公共哲学から切り離しえないということの、異論の余地のない証拠だと私には思える。今日の民主主義諸国において一般的にそうであるように、この関係が忘れられると、自由民主主義諸国は自由な諸制度をうまく守れない。その諸制度は、それらの敵の格好の餌食になってしまう。ファシストたちが共産党員たちの機先を制するために権力を掌握するか、あるいは共産党員たちがファシストたちの機先を制するために権力を掌握するかのいずれかである。

公共哲学では、自由な諸制度を守る原理について、いかなる曖昧な表現も許されない。その規則は、自由な諸制度を享有する権利とそれを維持する義務が不可分であるということである。すなわち、その諸制度に対する権利は、それを遵奉する人々のみのものなのである。

忠誠の基準は、政治的・市民的権利の秩序を擁護し保持することに、疑いの余地なく傾注《コミット》していることである。自由民主主義国が反革命運動を非合法化すべきか、それとも何か他の方法で封じ込めるべきかという問題は、原理の問題ではなく、便宜性と実践的賢慮の問題である。「反革命運動は国家の敵であり、打倒されなければならない」という原理にはいかなる疑いも存在しない。

この原理の適用に際して、「この政党やあの個人が忠誠であるかないか」という個別の問題は、適正手続《デュー・プロセル》によって決定されるべき事柄である。なぜならば、自由民主主義国家を滅ぼす権利はまったく存在しないが、あらゆる個々のケースにおける「あれこれの人が国家の敵であるかないか」に関しては、正しく裁定を受ける不可譲の権利が存在するからである。有罪であると確認されていない人々にこの権利を与えないのであれば、やがて無罪であると確認されるであろうすべての人々にも、その権利を与えないこととなる。

私たちが共産党やファシスト党のように公然たる革命政党を取り扱っている場合には、異議の限界を確定するのは大して難しいことではない。〔反政府的〕扇動と急進的改革とのあいだの境界線は、公共哲学の至高の原理を否認するか承認するかで決まる。それは、私たちが誠実な質疑と理性的な討論によって、真と偽、正と不正を識別することができる理性的な秩序の中に生きているという原理である。反革命家たちは自分たちの公式の教義を普及させるために自由を抑圧し、〔同時に〕自由社会において公式の政策が決定される手続きを拒絶するのである。

理性的な手続きは、公共哲学の契約の箱〔モーセの十戒が刻まれた二枚の石板を納めた箱〕である。一連の選挙法や憲法上の保障に変更しえないものは存在しない。変更しえないのは、理性的な決定に対するコミットメント〔責任を持つ深い関与や献身〕、すなわちC・S・パース〔一八三九－一九一四。アメリカのプラグマティズム哲学者〕が次のように述べた想定に基づき、公共生活において行動するというコミットメントである。

> 人間の意見というものは、長期的には、真理という確実な形へと向かう普遍的な傾向がある。いずれかの人間に何かの問題に関して十分の情報を与えて十分に考えを尽くさせてみよう。その結果として彼は、十分に恵まれた環境にあれば他の人も到達するであろう結論と同じ一定の確実な結論に到達するだろう……つまり、すべての問題に対し真実の解答、最終的な結論が存在するのであって、すべての人の意見は常にそこに引き寄せられているのである。少しのあいだ後退することもあるかもしれないが、しかしさらに経験と考慮の時間を与えてみれば、彼は最後にはその結論に接近するだろう。個人は、真理に到達するまで生きることはないかもしれない。あらゆる個人の意見には誤謬の余地が残る。〔とは言え〕問題ではない。全体的に見て長期的には人間の

心が向かっていく明確な意見が常に存続するのである。多くの問題に関して最終的な合意が達成されているし、十分な時間があればすべてに関して最終的な合意が得られるだろう。相当に多数の人々の恣意的な意志や個人的な特異性によって、その意見に対する一般的な合意は無期限に引きのばされるかもしれない。しかし、それは、合意に達する時にその意見の性質が何になるかには関係ない。つまりこの最終的な意見は独立している——なるほど思想一般から独立するのではないが、思想における恣意性や個人性のすべてから独立しており、あなたや私、あるいは何人にせよ人々からは全く独立しているのである。(15)

理性の有効性についての信仰を否定しつつ、同時に、自由を享有する人々のコミュニティが成功して自治をなしうると信ずることはできないのである。

5　歴史の鏡

こうして私たちには、私的所有の原理と同じように言論の自由の原理も公共哲学の範囲に含まれるということがわかる。多元社会においてその原理を正当化し、適用し、規制できるのは、物事の理性的な秩序が存在するという公理を遵奉することによってのみである。その秩序においては、真摯な探究と理性的な討論によって、真と偽、正と不正、そして人類の諸目的の実現へと導く善と、文明的品性の破壊と死へと導く悪とを見分けることができるのである。

西洋世界の自由な政治諸制度は、人類共通の経験を誠実に省みれば常に人々は同じ究極的結論へと到達するだろうと信じた人々が、着想して確立したものである。その究極的な諸目的を解明する同じ哲学の黄金律の中で、確信的な希望をもって人々は真理の革新的な発見に従事することができる。もしすべての探究者と討論者が公共哲学を遵奉していれば――ただしその場合にのみ――すべての論点は科学的な探究と自由な討論によって解決できる。すなわち、もし真理に到達し、善と悪とを見分けるために、同じ理性の基準と規則を用いるならば、である。

極めて明らかなことに、どのコミュニティにおいても、あるいはコミュニティ間でも、公共哲学を遵奉する者とそうでない者との間に明確な一線を画すことはできない。しかし、スペクトルには多くの色調と度合いがあっても、両端ははっきりしている。人々全体が公共哲学をしっかりと遵奉している時は真のコミュニティが存在する。それに対し、主な原理について分裂と異議が存在する時に、その結果は潜在的な戦争状態である。

真のコミュニティの維持と形成において、理路整然とした哲学は、言わば織物の断片をつなぎ合わせる糸に似ているだろう。すべての人がこの哲学に精通しているわけではない。恐らく大部分の人々は、それについてほとんど何も聞いたことがないかもしれない。しかし見識と名望をそなえた人々の間で、公共哲学が中国で言われるところの「天命〔天の命令〕(Mandate of Heaven)」を持つならば、人々を協調へと導く信念と習慣はすべて残るだろう。しかし、公共哲学が見識と名望をそなえた人々の間で見棄てられ、反動的とか無意味と扱われるならば、縫い糸は引き抜かれ織物はばらばらになるだろう。

この比喩における織物とは、どのようにして善き生が営まれ、善き社会が統治されるかという伝統である。西洋民主主義のように、その伝統がばらばらになってしまうのなら、その結果は一種の集団的な記憶喪失に等しい。このような記憶の障害に苦しんでいなければ決して犯さなかったであろう過誤を、自由民主主義諸国は平時にも戦時にも犯した。自分たち以前に先人たちがかつて学んだものを、あまりにも多く忘れてしまっているのである。新しく選挙権を付与した民主主義諸国は、食欲は保っているが食料を栽培する方法は忘れてしまった人間のようである。彼らは、法と秩序、自由と正義、善き政府のみが提供しうるものに対する永年の人間の欲求《ニーズ》を持っている。しかし、善く統治する技術〔統治術〕を学ばなければならない。学ばなければならないならば、老いた者から若い者へと伝達されなければならず、世代から世代へと伝統の担い手たちの間で、様々な慣習や理念が、縫い目のない記憶の織物として維持されなければならないのである。

文明的品性の諸伝統の連続性が絶たれれば、コミュニティは脅威にさらされる。その断絶が修復されなければ、コミュニティは党派、階級、人種、地域的戦争の中に瓦解してしまうだろう。連続が中断されれば文化的遺産は伝達されないからである。新しい世代は、社会の守護者が知る必要のあることの大部分を試行錯誤によって再発見し、再発明し、再習得するという課題に直面している。

これは一世代で可能なことではない。一世代の独力によって高度な文明の学芸を創造することはできないからである。人々は、彼らの祖先たちがすでに学んでいた知識から出発することによって、祖先たちが知っていた以上のことを知ることができる。初歩的な実験のやり方をことごとくもう一度学ばなくてもよければ、より進んだ実験をすることができる。社会が伝統を保持している時にのみ進歩的でありうるのは、このためである。諸世代は、シャルトルのベルナール〔ベルナルドゥス〕が言ったように「巨人の肩の上に腰掛けた小人のようなもの」であり、それゆえ、彼らは「古代人たちよりも一層多くのものを見、一層遠くのものを見る」ことができるのである。(16)

しかし、伝統は学芸の文化以上のものである。それは、私たちの私的な世界が加わる公共的な世界である。公共的な記憶と私的な記憶の連続体は、直接的で自然的な生におけるすべての人々を超えて私たちを一緒に結びつける。その中で神秘が演じられ、それによって個々人はコミュニティの構成員として受け入れられ、加入することができるのである。

この神秘を伝える幹はコミュニティの歴史であり、その中心的な主題は偉大な先人たちの偉業と崇高な目的である。それから新しい人々が子孫となり、未完成の物語への参与者になることによって自らの証しをするのである。

「本来私は何に所属し、私は何のために生きるのか、私は歴史を鏡として初めて知るのである」(17)とヤスパースは述べている。個人は文明化した時、第二の本性を獲得する。この第二の本性は、「その人が何者であり、何のために生きており、そしてどうなるべきか」というイメージにおいて作られる。その人は歴史の鏡の中でそのイメージを見たのである。自然人を統御するこの第二の本性は、善き社会が本拠地である。第二の本性はプロレタリアではなく、自身をコミュニティの正しい所有者であり支配者であると感じる。コミュニティに対する完全な忠誠は、第二の本性によってのみ与えられるのであり、第一の原始的な本性を統御し、第一の本性を最終的には自分自身とは扱わない。そして文明生活の訓練、必要性、制約は、その人にとって無縁のもの、外から押しつけられたものではなくなる。

それらは彼自身の内的な命令となるのである。(18)

6　人間の第二の本性

ソクラテスの死を物語る対話のなかで、プラトンは文明的市民の古典的な肖像を描いた。処刑の日の午後、ソクラテスは友人たちと議論している。看守たちは牢獄の扉を開け放しておいた。ソクラテスは彼がなぜ逃亡を拒むかという理由を説明している。

> ……アテナイ人たちは私を有罪と宣告する方がよいと考えており、それゆえ、私はここに留って刑を受けた方が、より良く、より正しいと考えた。なぜなら、私の筋肉や骨は、とうの昔に、メガラかボイオーティアに行ってしまっていただろうと考える方に傾いているからである。エジプトの犬〔アヌビス〕に誓って言うが、それら〔私の筋肉や骨〕が最善と考えることだけによって動いていたら、そうしていただろう。もし私がずるをして脱走する代りに、国家が課するいかなる罰も受けることを、よりよく高貴な役割として選ばなければ。すべてこの中には、原因と条件との奇妙な混同が確かに存在する。確かに、骨や筋肉、肉体の他の部分がなければ、私は自分の目的を遂行することはできないと言えよう。だがしかし、それら〔骨や筋肉など〕ゆえに行動するように私が行動し、最善を選ぶことによってではなくこれが心の働き方であると言うのは、極めて不注意で怠慢な言い方である。(19)

ソクラテスは、彼自身がその筋肉や骨、反射神経、感情、本能からなる有機体ではないと言っているのである。彼、ソクラテスは、その有機体を統べる人格なのである。彼は、聖トマス・アクィナスが「短気で貪欲な力」に対する「気高く思慮ある統治」と呼んだものを行使する。これらの有機体の力、すなわちその第一の本性は、ニューマン枢機卿〔ジョン・ヘンリー・――。一八〇一―一八九〇。イングランドの神学者、信徒の教育の重要性を説いた〕が言ったように「理性に対していつも反乱を起こす」。しかし、ソクラテスはその有機体の支配者である。「もし私が」それらを統治することを「選ばなかったならば」、それら〔有機体の力〕は反逆して逃亡しただろう――そう言うことのできる「私」なのである。それらを支配するソクラテスは、アテネで承認され、加入を認められたアテネ市民である。それらは自然人の欲望であり本能である。なぜなら、欲望によって支配される人間は野蛮人であり、アテネ市民では全くありえないからである。

ソクラテスの最後の日にその場にいた友人たちは、機会があれば逃亡したいと思うのは「人間」だけであると恐らく言いたかったのだろう。しかし、ソクラテスはその反対を肯定することを選び、欲望を統べたいと思い、そうできるがゆえに、自分はもっとも十全たる人間であると主張したのである。

言うまでもなく、この偉大な物語の教訓は奴隷根性や体制順応主義ではなく、この物語は「ソクラテスに有罪を宣告したアテネ人たちがその判断において正しかった」という含意をまったく持たない。クリトンが言っている通り、彼が眼を閉じた時、「私が知っていた彼の時代のすべての人々のなかで、彼こそ最も賢明な、最も正しく、最も善い人であった」のである。この物語の核心は、アテネの市民は、法律を欺くことはできないために、とりわけ自分自身の便益のためには欺けないために、ソクラテスは彼自身を救おうとしなかったということである。[20] そもそもアテネを統治しうるとするなら、次のような市民たちによってなされなければならないのである。その市民たちは第二の本性によって、自分自身の衝動を満足させることよりも、さらには生きようとする自分自身の意志すらよりも、法律を守ることを選ぶ。市民たちがそのような権威をもって自らを統べるのでなければ、アテネの都市は統治しえなかっただろう。もし彼らが第一の本性に従ったならば、アテネは衝動的行動で踏みにじられただろう。

これが統治に向くようになった人間のイメージである。その人間は、第二の文明化された本性によって、心の中を統治されている。その人間の真の自己が、自然の自己に対して、生殺与奪の権を行使する。なぜなら、アテネの法律と制度と、それらが仕える生の理想との所有主という資格を得ているのは、真の人間だからである。アテネの生の必要と目的とは、ソクラテスの外にあるものではなく、疎遠で、外来で、押しつけられて、嫌々ながら同調するものではない。それらは彼自身の真の性格の目的であり、自分自身と呼ぶその存在の部分に確立されているものなのである。

これが支配する者の内面性である――すなわち、その称号や地位が何であろうとも、自分の国土、秩序、連隊、船、主義のために、自分の、より弱く、より賤しい感情の高貴な統治者なのである。これは貴族主義的な行動規範ではあるが、特権や生まれに固有のものではない。この行動規範は、統治する能力にとって機能的である。貴族たちが貴族的な美徳を持つように自らを保っていたのは、彼らが支配者であったがためであり、貴族に生まれたがためではない。革命前夜のフランス貴族のように、貴族が統治者の原理である自制を失ってしまったら、貴族たちは統治することができない。そこで、もしあまりにも長く自分たちの特権に執着するならば、貴族たちの多くはその高貴な首を〔はねられて〕失うことになるだろう。

第10章　二つの領域

1　領域の混同

ソクラテスのように、公共的世界の法によって私的衝動を統べるという文明化された伝統の中に生きる人に対して、多くの敵対者がずらっと勢揃いしている。彼らはその人を「短期間の輝かしい闘争ですべての希望が実現される地上の天国に連れていってやろう」という全体的な約束で誘惑する。問題の根源は、人間の条件についてのこれら二つの概念に存在し、その究極的な争点はこれらの概念の間の抗争に存在する。

全体革命が生じた国々における苦い結末が明白になったので、私たちには現代人の窮境がいかに絶望的であるかがわかる。恐るべき出来事は、地上を天国にしようと努力すればするほど地獄へと化してしまうことを示している。

しかしながら、救済と完成への渇望は悪でないことは最も確かであり、それどころか人間の魂の中における永年のものである。それでは、もしその最高善がこの世において具現化しないならば、そしても非常に多くの現代人が想定しているようにあの世においても具現化しないのならば、事物の本性によって人間は最高善を拒絶されるよう運命づけられているだろうか？

この問いに対する答えはわかっている。現存〔現実存在〕の領域と本質の領域の差を認識することによって答えることができるのである。前者は対象が私たちの感覚に具現化する領域であり、後者は対象が心にある領域である。私は、曖昧ではあるが他の言葉に置き換えられない「本質（essence）」という言葉を、真実で歪められていない事物の性質を意味するものとして用いている。これらの二つの存在領域と私たちの関係について理解することは、極めて難しく、実際のところ秘教的な叡智に止まっていた。

しかし、もし現代の窮境からの出口が存在するとすれば、それは私たちがこの二つの領域の間の相違を認識することを学ぶところから始まると私は信じる。なぜなら現代民主主義の福音の根本的誤謬は、この世での善き生を約束するのでなく、天国での完全な生活を約束するところにあるからである。その誤謬の根源は二つの領域の混同にある――すなわち、人間の条件が「生まれ、生活し、働き、闘い、死ぬ」ということであるこの世界の領域と、人間の魂が再生して平安になりうる超越的世界の領域との混同である。これら二つの領域を混同することは究極的無秩序である。それは、この世における善き生を妨げる。

そして霊の生を偽り伝えることになるのである。

2　この世における善

善き生と善き社会の理想は完全からは程遠く、それについて語る際、私たちは最上級を用いてはならない。それらは現世的理想にすぎず、最高善についていかなる期待も引き起こさない。むしろ正反対のものである。死を免れず、有限で多様であり、争う人々の間で可能な最善に関するものである。このように自由、正義、代表、同意、法律の理想は、地上のものでありこの世のものである。それらは依然として（聖パウロが「テモテへの第一の手紙」の第一章九－一〇節で言っているように）律法の下にある人間のためのものである。なぜならば、

……律法は正しい者のためにあるのではなく、不法な者や不従順な者、不敬虔な者や罪を犯す者、神を畏れぬ者や俗悪な者、父を殺す者や母を殺す者、人を殺す者、淫らな行いをする者、男色をする者、誘拐する者、嘘をつく者、偽証する者……のために定められている……

からである。

「自由（freedom）」という言葉は幾つかの意味を持っている。しかし、多様性と紛争という人間の条件になかった人や、世俗的な人々の間の生活問題や自分自身の力の有限性を知らなかった人は、この

言葉を誰も思いつかなかっただろう。

例えば、私たちはこの言葉に三つの主要な意味を区別することができる。それぞれがある思想学派の形成的原理だった。

「自由（リバティないしフリーダム）とは（本来は）反対の欠如をあらわす[1]」と言ったホッブズがいる。彼のこの用法では、他の誰も私たちのすることを妨げようとしないすべての行動において、私たちは自由であるということになる。

ロックが「自由〔リバティ〕」という言葉に与えた意味は、「人が何か特定の行動を行う力、または行うことを差し控える力である」である[2]。ここでは、私たちは単にあることをしてよいから自由というわけでない。私たちはまたそうすることが可能でなければならない――すなわち、私たちはそれをなす能力と手段を持たなければならないのである。

「自由〔フリーダム〕」という言葉には、古典的なキリスト教の伝統においてさらにもう一つの意味がある。モンテスキューが言っているように、自由は「人が望むべきことをなしうること、そして望むべきでないことをなすべく強制されないことにのみ存する[3]」。何をすべきかを知る能力とそれをする意志を持つなら私たちは自由なのである。

これらは、曖昧さや多義性から生ずる単なる用語上の相違ではない。むしろ複雑な理念におけるそれぞれの一面なのである。なぜなら、それらの意味のどれか一つを実際的に検証する際、ほぼ常に私たちはその不備を是正するために他の意味に目を向けなければならないからである。それゆえ、他のすべての意味を捨てて一つの意味を選ぶこと、あるいは事実上、一つの総体的な意味を固定する結論に静止することはできないのである。

最終的な静止点というものは存在しない。なぜなら、ウィリアム・ジェームズが言っているように「事物の流転の中では事物は均衡から離れる。私たちの限りある経験が到達する平衡が何であろうと、すべて暫定的なものにすぎないし、……すべての事物は……他のいろいろの事物が取り巻いている世界のなかに存在する」からである。そして「もしあなたが事物をそこで働くままにしておくならば、それは不可避的に、まわりのものからの摩擦と反対に出会うだろう。それがもともとふりかざしているものの一部分を妥協によってゆがめて、敵や競争者の気持ちを買うのでなければ、そういう敵や競争者によって破壊されてしまうであろう(4)」。

自由、平等、友愛、正義などの言葉は、事物の流転という変わりやすさを反映する多様な意味を持っている。異なる意味は、幾分、異なる衣服のようなものである。それぞれの衣服はある季節、ある天候、一日の内のある時間には適するが、すべての時にふさわしいものはない。現実の世界の無限の変化と多様性において、私たちの概念上の諸定義は、決して正確かつ最終的な全体的真理ではない。なぜならジェームズが言ったように、「生の本質は継続的に変化する性格にある一方で……私たちの概念はすべて不連続で固定されているからである」。*1 冬のオーバーコートのように、一月と同じように七月にも心地よく着られるものは一つもない。しかし夏は終わり、また変化が訪れる。新しい季節が訪れ、暖かいオーバーコートを着る時がやって来るだろう。それゆえ、いつでも同じ衣服を身に着けられると考えるのは間違いであり、再び冬はやって来ないであろうと夏に考えてコートを投げ捨てることも間違いである。

これが人間の条件である。文明的品性の諸伝統では、これに対し善き生についての現世的な叡智を説くわけである。

多様性と変化に富んだこの現実の世界において、いかにして私たちは正しい規則を見出すことができるだろうか。もし「主題にふさわしい程度」以上の「明確さ」を求めれば、私たちはそれを見出すことはできないだろう、とアリストテレスは言っている。(5)「行為に関する事柄と利益になる事柄も、確定したところを何ももたない」ので、「当事者自身が、その都度個別の状況に適したことを考えなければならない」と彼は付け加えている。(6)

しかし、当事者たちはそのケースにふさわしいと考える規則を即興で作るのではないことに注意するといいだろう。彼らは何かを「考える」。そしてその何かとは、アリストテレスによれば、「不足と過剰とによって滅ぼされることは」——現世的な徳性も含めて「物事の本性である」ということである。したがって問題は「中庸」——過剰と不足との中間点で、美徳の目指す善が保持されるところ——を見分けることである。

もしその過剰と不足の間の中庸が、一つの定点であるならば、それを見分けることは実際よりももっと容易であろう。しかしそうではない。アリストテレスによれば、勇気の不足は臆病であり、人間が「すべてのものから逃避し、それらを恐れ、そして何ごとに対しても耐えない」場合のようなものである。勇気の過剰は無謀であり、「何ものをも少しも恐れないで、あらゆる危険に立ち向かう」人のようなものである。しかしこう言ったからといって中庸が固定されるわけではない。交通信号の赤や青を見て、いつその地点に留まるべきか、いつそうでないかがわかるというように、人々が中庸を知ることができるわけではないのである。

それぞれの個々のケースで、中庸である定点が示されると期待すること――判断し見出す必要がないことを期待すること――は、この主題について可能な正確さ以上のものを求めることだ、とアリストテレスは言っている。私たちは中庸を、両極端の中間の定点だと考えてはならない。そのように考えるなら、私たち自身が中庸を、五〇％の過剰と五〇％の不足とのあいだで一種の取引が行われるような定点だと考えることを良しとしていることになる。しかしこれは真の中庸ではない。勇気の半分が臆病でもう半分が無謀ということではない。節制は半分が放縦で半分が完全な禁欲ということでもない。真の中庸は、両極の間の押しと引き、牽引と抵抗との緊張のなかに存在するのである。

アリストテレスが言ったように、結果は不正確で非確定的であり、この世の叡智がこのような不完全性よりも上昇しうると考える理由はほとんどない。

3　法と預言者

霊〔聖霊〕の叡智といえどもまた、この世の行為についての複雑な問題を的確に解決するわけではない。なぜならそれは、地上の現存〔現実存在〕についての諸問題を解決するのではなくそれを超越するような存在領域のビジョンだからである。

日常生活の目前で緊急の個々の問題について、主要な預言者・先見者・賢人たちが実際的な助言と具体的な手引きによって与えるものは、驚くほどわずかである。聖書や古典にみられる叡智を集めたところで、道徳的原理についての体系的で包括的な論述は含まれていない。そこから明快かつ確実に、実際の諸問題に対する具体的な解答を引き出すことができるようなものはないのである。このような手引きを求めて聖書や古典の叡智の許に赴く者は、失望するだろう。もしそのような手引きを見出すなら、類推や推論によって到達するに違いない。具体的な行為の規則は、そこには明示的には存在しない。もし存在したなら、人類の歴史は異なったものになっていただろう。なぜなら、凄惨な戦争や毒々しい憎悪は、調停できないほど異なった実際の結論を同じ一般原則から引き出した人々の間に生ずるものだからである。

至高の叡智と、人々が処理しなければならない現実の難局とのあいだには隔たりが存在する。預言者や哲学者たちが教えた一切を収録した百科全書も、法律をつくる方法、国家を統治する方法、子どもを教育する方法を明快にそして明確には人間に告げることはないであろう——さらには牧師が告白席で、医者がその患者に対して、弁護士が依頼人に対して、裁判官が訴訟当事者に対して、実務家がその仕事において、問題を実際に解決する方法をそのように告げはしないだろう。

実際の決断に直面すると、人々は選択肢の中から何を選択すべきかを知る必要がある。しかしこの種の具体的な手引きが預言者たちと哲学者たちの言葉の中に見出せるのは、偶然でしかない。彼らは具体的な事例のための特定の規則からなる体系的法典を編纂してはいない。これらの法典は学者・決疑論者〔特定の状況下に起こる行為や判断についての道徳問題を研究し解決する学者〕・立法者・裁判官たちの書物の中に存在し、そこに権威があるとされている。すなわち、行為の具体的な諸規則は、霊感を受け発せられた言葉の中に暗に示されており、ただそこから引き出されたものにすぎないという仮定に基づいている。

聖書に記録されたイエスと使徒たちの発言は、人間の生を秩序づけるための法律と戒律からなる包括的体系を含んでいない。事実使徒たちは、神聖な預かり物を明確に記録する必要を理解していなかったように思われる。エウセビウス（IV, I-4）によれば、マルコがイエスの言葉を思い出して書きつけていることをローマにいたペテロが知ったとき「彼は直接にそれを禁じもしなかったし、勧めもしなかった」のである。長大で非常に詳細な教会法集成は、法王や司教、公会議、教会法学者、決疑論者、神学博士、教本の著者たちによる著作物である。

この取り組みは使徒時代の直後に始まった。英語圏における道徳神学の先導的カトリック必携書の著者であるトーマス・J・スレーター司祭は、「四福音書はイエス・キリストの教えの簡略な要約を含んでいる。それが新約聖書の他の文書において、ある一定の方向に幾分か発展させられているが、神の言葉の説教者たちはやがて、われらが主の道徳的教えだけに関する〔彼らによる〕簡略な要約がその形の方が都合がよい、と考えた[7]」と言っている。この必要に応えて、早くも一世紀の末には『ディダケーないし十二使徒の遺訓』や『ヘルマスの牧者』のような作品が書かれた。『ディダケー』は私たちに伝わっている最初の道徳入門書であるとスレーター神父は言っている。本書は神の愛と隣人愛という二つの道徳原理を説いており——人間の実際的な困難に向けられた本であるため——、人間が自分の両親、子ども、召使、隣人、貧者に負っている主要な積極的義務と消極的義務を特定して提示している。この世の生について特定的な規則の包括的なシステムを作成することが、六、七、八世紀に組織化された告解のシステムとの関連で必要となった[8]。一二一五年の第四回ラテラノ公会議が、罪の告白を少なくとも一年に一回行うことを信者の義務としたので、極めて多様な人間の問題に関し、

告白聴聞席における聖職者の手引きとなる包括的な参考書が必要になったのである。(9)

非常に多くの大衆が、あらゆるところで常に行為に関する詳細な規約を要求した。それは彼らの慰め、便宜、心の平安にとって必要であり、多数の信者を持つ宗教で、疑問解決の手引、すなわちコーラン、タルムード、カルヴァンの〔キリスト教〕綱要のごとき手引きを持たないものは一つもない。なぜならば、霊によってのみ生きうる人々は常に、あちらこちらにいるただ一握りほどの小さな集団であって、その時代の通常の生活とは隔絶されて、その上にいる高貴な人々とされていたからである。決疑論者は、霊感による言葉を儀式的、律法的な教訓というわかりやすいシステムに翻訳し変形して、特定的な規則を制定した。決疑論者がいなければ、預言者たちのビジョンが現存世界と多くの繋がりを持つことはできなかっただろう。

4　霊の領域

なぜなら、そのビジョンはこの世界のものではなく、もう一つの根本的に異なる世界のものだからである。実際のところ、使徒たちは、自分たちがこの世界の終末に生きていると信じ、神聖な預かり物を体系的で決定的な記録にするための準備は何もしなかった。しかし、たとえ彼らが現世の終末が近いと信じてはいなかったとしても、彼らが教えたことはこの世界ではなく極めて異なる世界に向けて説かれていたということは、依然として真実だろう。

例えば、私たちは自分たちの敵を愛すべきであるという教訓が存在する。それは普通の人間のみならず、教会博士たちも困惑させた。アクィナスは、神と隣人たちに加えられる危害を耐え忍ぶほど、善人は邪悪な者に対して寛大ではないと述べている。聖クリュソストモス〔三四七－四〇七。東ローマ帝国のコンスタンティノポリスの主教・神学者。巧みな説教により、後代に「黄金の口」（クリュソストモス）と呼ばれる。〕も「人間が自身の悪に耐えることは賞讃に値するが、神に加えられる冒瀆を隠すことは不信心の極みである」(10)と言っている。

こうした格言は、私たちが政治的行為についての特定の規則として取り扱おうとすれば崩壊する。それでは一体その叡智は何であるのか？　公共的世界とそれを統治する方法についての叡智ではない。私たちの情熱を節約し、教育し、秩序づけする叡智である。現実世界における行動の規則を与えるのではない。人々の前に、彼ら自身の変容した姿〔ビジョン〕を提示するのである。

無抵抗の理想は、極めて明らかに、文字通り一貫して守られるならば、略奪者に対して世界を明け渡してしまう。清貧もあまねく実行されれば、世界を汚さと暗黒へと沈ませていくだろう。遍き独身主義は、人間の生命を絶滅させてしまうであろう。これらはあまりにも明白なので、私たちがあらゆるいと高き宗教に見出すこのような理念は、明らかに、人間の行為の公共的規則として取り扱うことはできない。しかしながら、人間の行為に関連してはいる。なぜなら、私たち自身の変容した姿〔ビジョン〕が私たちの欲望や情熱を修正しうるという点で、人間の性質に影響を与えるからである。

それらは現存〔実存〕世界の実際的な理想でもない。人々が救われて新生し、世の悪から脱する、存在領域の理想である。地上にあって人間社会に属するあいだ、人間はその領域に入ることはできない。しかし人間は、その領域へと引き寄せられうる。人間は肉体の世界から抜け出すことはできない。しかし、その世界の行き過ぎから引き離されることは可能であるし、真似によって、完全になりえたときのあり様にある程度は近づくこともできるのである。

謙虚な人は、信仰が臨終に届いて自身が確実に救われるだろうかという疑いを抱くだろう。たとえその人が富を生み出しそれを使用しても、たとえ悪に抵抗しても、獲得欲と所有欲をあまり持たず、事物に対して最後まで執着はせず、権力や復讐への強い渇望も持たないだろう。その人は完全ではありえないし、そして完全になることもないだろう。しかしある程度まで完成へと引き寄せられるであろう。

もう一つの領域についての知識は、見慣れた物質世界の散文的な言葉では伝えられない。なぜならば、私たちの感覚によっては認識することができない世界のビジョンから生じるからである。予見者たちの言葉は、命題を直接述べるものではありえない。彼らは、散文では表現できないことをほのめかす詩的な寓話と比喩で語らざるをえない。これらの寓話と比喩は、人間の統治に向けて説かれているのではなく、聖パウロの言葉で言えば、新しい人間の創造に向けて説かれている。この新しい人間とは誰だろうか。「ガラテヤの信徒への手紙」の有名な章で[11]、パウロは、旧約聖書の律法と預言を意味する聖書は「すべてのものを罪の下に閉じ込めた」と説明している。それらは、いまだ新生せざる〔罪深き〕人々、この世にあるような人々、アクィナスのいわゆる「傷ついている性質」に苦しむアダムとイヴの息子たちに向けられている。彼らにおいて「理性」は「魂のより低い部分に対する完全な掌握」を失っているのである。

「律法は私たちをキリストに導く養育係とな」ったと聖パウロは言っている。律法は私たちの無知、悪意、弱さ、渇望を匡正した。しかしキリストへの信仰が到来した後では「私たちはもはや養育係の下にはい」ないのである。私たちの情熱が他の存在領域への忠誠によって変容した時、私たちは訓練される必要がないのである。新生した人間は、この世に順応させられるのではなく、心の刷新によって変容するのであると聖パウロは言っている。(12)「神の国」においては、「罪は喜びに対して全く力を持たない」し、そして人々は「罪を犯すことができないだろう」と聖アウグスティヌスは言っている。(13)彼らは霊によって導かれ、「救われた」のである。孔子が言ったように、彼らは自らの心が欲するところを行って矩を超えない*2のである。

5　力の均衡

ベーコンが言ったように、原始的状態では慣習が人間の生における主たる執政官であるが、そこから目覚めると人間は、自分が二つの世界に生き、二つの忠誠に服していることに気づく。すなわち五感を通じて知っている馴染み深い世界と、ほのめかしを感ずるのみで、心の眼を通してのみ知る世界である。人間は二つの異なった存在領域のあいだで両方から引っ張られており、その緊張関係は人間の言説の尽きることがない主題である。いずれに対しても、人間は全き忠誠を向けることはできない。両者の対照性は広く行き渡っており、それは人間の惨めさをなす。聖人の生や英雄の行為、天才の卓越性において、時折生じる調和は人間の栄光である。

文明的品性の伝統において優勢な見解は、この二つの領域は不可分ではあるが異なるものであり、人間は、両者の間で決して最終的に定まることのない均衡において、その運命を全うしなければならないというものだった。

しかしながら、この見解は常に挑戦を受けてきた。快楽主義者たちが存在する。彼らは、永遠の切望に伴う苦痛も不安もなく食べ飲む楽しく過ごす[*3]現存〔実存〕領域の中へ完全に引きこもうとする。文明的品性の見解は禁欲主義者たちに挑戦されてきた。彼らは、この世の終末と死すべき運命からの自分自身の解放を待って、現存〔実存〕領域から引きこもろうとするのである。それ〔文明的品性の見解〕は素朴な千年王国説信奉者たちからも挑戦されてきた。彼らは、聖ヨハネの黙示に従い、千年王国期が間近であるという期待の下に生きている。さらには、近代の完成主義者〔卓越主義者〕たちによっても挑戦されてきた。彼らは、自分たちが革命的行動を起こすことで、人間は地上における天国の創造者になりうると信じている。これらすべての見解において、誤謬は同じ根本的な無秩序から生じている。すなわちいずれの見解も、一方においては二つの領域が融合しえず、他方において二つの領域が分離し孤立しえない――二つの領域はその間の均衡を発見し見出し維持し取り戻すことによって関連づけられなければならない――という認識を拒否しているのである。

これは複雑で捉えにくい真理であり、むしろ数学において、通常の量の有限項では表わせない無理数のようなものである。

私たちは二つの領域のあいだで引っ張られているため、国家と教会の活動範囲のあいだに明確な境界線はありえない。政府は第一義的には現存〔実存〕世界の事柄に携わり、教会は第一義的には霊の領域の事柄に深く関与しているけれども、正と不正の問題、人間の本性の問題、人間の真のイメージの問題、物事の成り立ちにおける人間の位置、人間の運命の問題では、いつでもどこでもこの両者が交わることになる。国家も教会もともにこれらの問題の解決にかかわっており、その関係は、それぞれの勢力圏について明確で正確な境界線を引いて定義することができない。

両者の緊張関係は、西洋社会の歴史の大半を占めるテーマだが、両者のいずれもが他を征服して吸収することは許されてはならない。西洋の経験がその教訓を与えたのである。しかしその教えによってまた、両者の領域を分離することはできず、異なる区画に孤立して隔離することはできないということもわかった。世俗的な政府の力を支配する全体主義的教会の絶対的権力の下では自由の余地はほとんどなく、霊的権力を世俗的権力の中に取り込んでしまった全体主義的国家の下では自由の余地は全くない。人間の条件と今ある世界において可能な最善は、国家と教会は征服されないほどにそれぞれ強く、無制限な支配力を持つほどに強くあるべきではないということである。両者の均衡を正すことによってこそ、理性は過度の権力の抑圧から逃れて、均衡の機会を実現できるのである。

しかし教会と国家との権力の分離は、両者の正しい関係にとって本質的ではあるが、その〔政教が一致してはいけないという〕ネガティブな規則はそれらの正しい関係の原理ではない。教会と国家は分離していて、自律的で、安全であることが必要である。しかし、善悪のあらゆる問題に関して交わらなければならない。

これらの問題が具体的に生じるのは、家庭、結婚、離婚、父母の親権、子どもに対する後見、教育、相続、富の分配、犯罪と刑罰、趣味の規準、忠義と忠誠、正しい戦争と不正な戦争について公共政策を定める場合である。これらの問題は、法王レオ一三世が回勅「不死なる神」（一八八五年）で述べたように、教会権力と市民権力《シヴィル》〔世俗的な政治権力〕の「双方の管轄と判断に」属するのである。これらのすべての事項において最終的決定権は二つの存在領域のいずれにも存在しない。実は最終的決定権は存在しないのである。その代わりにあるのは、可変的な要素間における終わりなき緊張の暫定的均衡点である。特定の場所と特定の時においてどこが正確に均衡点かということは、先天的《ア・プリオリ》には決定できない。それは公共哲学の公理の下で経験的に判断されなければならない。なぜなら、均衡の中に入って来る要素は変数だからである。それゆえ、統治は工学ではなく術（art）なのである。それゆえ、ジェット・エンジンの設計のように、すべての国々でいつでも、あるいはある国ですべての時に、同じ憲法や法典を使うことはできないのである。

6　均衡の力学

国家間ならびに国家内における権力均衡という理念は、あまりに長い間、あまりに多くの人々に、あまりに異なった状況で、あまりに異なった意図で用いられてきたため、最近の批判者が言うように、「哲学的、意味論的、理論的な混乱を免れない(14)」。

しかしだからといってこれは、この理念が「記述されていない、記述しえない、理解できない無である(15)」と言うコブデン〔リチャード・――。一八〇四－一八六五。イギリスの政治家〕に同意する理由にはならない。

もし用語に多くの分岐した定義があるならば、それは幾つもの意味に満ちていると想定してかかるのがよい。なぜなら私たちの文明の主要な理念には、単一の意味しかないものはないからである(16)。

しかし偉大な理念にはある種の中心的な妥当性があり、その周辺で意見の不一致や意味の多様性が旋回している。偉大な理念がいずれも混乱を引き起こすのは、あまりにも意味に満ちているため簡単に定義できないからである。しかし意味を欠いているならば、先週の二人の酔っぱらい同士の議論と一緒に空に消え去っているだろう。

「権力の均衡」のような複雑な用語を使う者は誰でも、それによって何を意味するかをもちろん言わなければならない。私は、「政府も法律もない人間の自然状態には、万人の万人に対する闘争がある[17]」と言ったホッブズから始める。

ホッブズは、だれもが実際に他のあらゆる人を殺そうとすると言ったのではなく、「死においてのみ消滅する、つぎからつぎへと力を求める、永久の、休むことのない意欲……富、名誉、命令、あるいは他の力を求めるこの競争が、私たちを論争、憎悪、戦争へと傾けがちである。なぜなら、ある競争者がその欲望を達成する方法は、他の競争者を殺したり、制圧したり、押しのけたり、追放することだからである[18]」と言ったのである。

しかしいかにして、力の戦いから生じる無政府状態から、法と秩序を課すほどに強力な政府が起こりうるのだろうか。そして、いかにして法律を尊重するように人間を誘導しうるのか。競合する領主の闘争から、一人の勝者がすべての他の者を支配する最高君主として出現するとしよう。問題は、どのようにして多くの領主の中で一人だけが、他の者すべてに打ち勝つほどに強力になりうるかということである。その答えは、他のすべての者が連合した力と自分の力で戦うことによってはまず決して成しえないということである。また、それぞれと別々に次々と力で戦うことによっても滅多に成しえない。一般法則としてその一人〔の勝者〕は、競合相手たちが互いに対抗し合う状態を、利用し、またある程度は〔その状態に向かわせ〕たくらむことができなければならない。競合相手たちの相互の力が均衡する時、それらが中和され、その時には一人の力は他を統治するのに十分なのである。

これが、つぎからつぎへと力を求める、永久の、休むことのない意欲に秩序がもたらされる力学的な原理であると私たちは言うことができよう。権力への欲望は減らされなければならない。全能の統治者によってこれがなされることは稀であり、〔あったとしても〕長続きすることは決してない。アリストテレスがはるか昔に観察したように、専制は短命である。[19] また、教育と熱心な勧告によって権力欲を十分に減らすこともできない。モンテスキューが言ったように「……権力を授けられた者は誰でもそれを濫用し、可能な限り自らの権威を推し進める傾向があることを、経験は不断に示している。美徳それ自身が制限を必要とするということは、真実であるけれども奇妙ではなかろうか。権力を濫用しえないようにするためには、事物の配置によって権力が権力を抑止するようにしなければならない[20]」。

権力が権力によって抑制され、対抗する諸権力が均衡状態にあるという方策においては、いずれの権力も打ち勝つことができない。両者はそこで共通の状態の中に制約されるのである。この状態、つまり計り知れる諸力が均衡していて、いずれも決定的な力を行使できず、その意志がないという状態において、理性という計り知れない方法が効果的になるのである。

武器の間では〔戦争時は〕法律は沈黙する*4（*Inter armis silent leges*）。私たちは、休戦状態においては法律が聞き入れられると付け加えることができる。

いかなる技術的手続と同じように、権力を中和するための権力の均衡は、良い目的、悪い目的、そしてどうでもよい目的のために利用することができる。政治家たちが常に公言する良い目的は、つぎからつぎへと力を求める、永久の、休むことのない意欲の単なる正当化にすぎないという人が多くいる。ニコラス・スパイクマンは、「事の真実は、国家は自分に都合のよい均衡にのみ関心を持っているということであり、……望ましい均衡は、自国には決定的実力と決定的発言権が自由に存在するままにしておいて、他の国家を中立化させるものである」[21]と言っている。

しかしこの「真実」は、どのような「事」についてなのか？　その個別の国家や、加えるなら、政党、派閥、個々の政治家は「自分に都合のよい均衡に」関心を持っている。疑いもなくその通りである。彼らはまた明らかに、ホッブズの言うところの、つぎからつぎへと力を求める意欲を持っている。これは第一の、もしくは堕落した人間の本性に関する真実である。しかしこれは権力の均衡に関する真実ではない。これは〔次のような〕状態についての真実である。その状態の匡正のために権力均衡が利用できるのである。

権力を競い合う者たちは――統治者となり決定的発言権を行使するために――競争に勝利することを目指すだろうと私たちは想定しなければならない。しかし、支配者が――決定的発言権を持つ時に――決定において何に関心を持つのかの問題は、依然として残っている。支配者は、力のシステムの中で自らが得た地位を、自らの権力を拡大するため、自らの特権を増加させるために利用するのだろうか。それとも、その主要な関心は、秩序そのもの――すなわち国民、共和国、大コミュニティ〔共同体〕――と、その存続、調和、発展にあるのだろうか。

権力の競争者、すなわち競争相手たちの内の一人であるということと、あらゆる競争そのものを規制しようと意図する秩序の保護者であるということの間には、根本的な相違がある。前者にあっては、権力均衡の技術は侵略と防衛の道具として用いられる。後者にあっては、善い社会における公共的秩序の構成原理として用いられるのである。

第11章　文明的品性の擁護

1　テーゼの再説

私たちはこれまで、公共哲学の復活の機会を検査するために、それについて調査を行ってきた。私たちがこの試みをする根拠は、西洋世界の状態についての一般的調査結果に基づいている。

第一は、自由な諸制度と民主主義は、公共哲学を遵奉する人々が構想し確立したということである。この哲学には多くの学派が存在してきたが、すべての学派に共通する根本的原理が存在している。それは、キケロの言葉で表現するなら「法が市民社会の紐帯」であり、治者も被治者もすべての人が常に法の下にあり、決して法の上にはないということである。またその法は、理性に基づいた討議によって発展し洗練されうるのであり、最高の法には、善意あるすべての理性的な人々は十分に知れば同意する傾向があるということである。

私たちの探究において得られた第二の調査結果は、近代の民主主義諸国は、私が公共哲学と呼んできた主要な概念、原理、教訓および一般的な思考態度を放棄したということである。自由民主主義は、その構想と創設の基となった公共哲学を保持する人々がいないと、理解不可能な政治形態で、機能させることができないと私は思っている。それゆえ、強大な反革命というこの時代における自由民主主義の前途は「公共哲学が廃れているか、それともそれを復活させ再統合し刷新できるかどうか」という問題と結びついている。

私は、公共哲学は復活させることができると信じている。そして私たちが行って来た調査は、「人民主権、財産、言論の自由、教育のような中心概念に適用される時、公共哲学は問題を解明して、理性的で受容しうる解決への道を開く」ということを例証した。公共哲学の復活は、「その原理と教訓、すなわちこの古い哲学を、現代に向けて練り直すことができるかどうか」にかかっている。この原理と教訓は、産業革命以前、急速な技術変革時代以前、および大衆民主主義の勃興以前には明確に表明されていた。もし練り直しが不可能ならば、その時は自由で民主的な諸国民は、自由な人々が信じ大切にする公共哲学なしに、また単なる公共的不可知論、中立性、無関心を超える公共的信仰なしに、全体主義の挑戦に直面することになるのである。もし〔公共哲学を〕信じていてとても配慮している人々と、信念を欠いていてあまり配慮できない人々との間で争いがあるならば、その結果がどのように終わるか疑う余地はほとんどない。

2　公共哲学の伝達

さて今や、公共哲学を現代民主主義諸国へ伝えるという問題に私たちは辿り着いた。確かに、この問題は、はじめからあまりにも明白だった。なぜなら、私たちが見てきたように、公共哲学はジャコバン主義のイデオロギーと根本的に矛盾しており、後者が実際に大衆民主主義の人気ある教義だからである。公共哲学は、第二の文明化された、それゆえ後天的な本性たる理性によって、欲望や情熱の統治に向けて説かれているのである。それゆえに、公共哲学は大衆的ではありえない。最も大衆的な欲望や意見に抵抗し、規制することを目的としているためである。公共哲学の正当な根拠は「公共哲学が課する体制は困難なものではあるが、その理性的で規律ある統治がもたらす結果は良いだろう」ということである。それゆえ、正しいけれども困難な決断は、行われる時は人気がなさそうだが、間違った安易な決断は、頻繁で相当に大きなものなら、自由と民主主義を破壊する無秩序状態をもたらす。

もし私たちが、公共哲学を民主主義諸国に伝達しうるかどうかを問うなら、答えは「伝えるべき教義が存在しなければならない」という認識から始めなければならない。その哲学がまず第一に明らかにされ、現代の不安に当てはまらなければならない。私たちの調査は、その第一の必要性に取り組んできた。

しかしその先に、現代人にこの種の哲学を受け取る能力と意志があるかどうかという問題がある。公共哲学の概念や原理は、非物質的な実体の領域に存在している。それらは私たちが感覚器官を通して経験できるものではなく、厳密に言うならば、視覚ないし触覚で想像することすらできない。それでもこれらの目に見えず、触れることのできない本質と抽象に、人々が最高の忠誠心を持ち、また保持すべきものなのである。

今日のような現代世界においては、実在性のある唯一の世界は物理的世界であると考える実証主義者が実際には大半——すべてではないが、確かに、大部分の能動的で影響力のある人々——なので、コミュニケーション〔伝達〕の問題が生じてくる。見ることのみが信じることなのである〔百聞は一見にしかず〕。どこかでいつか見て、聞き、味わい、匂いを感じ、触れることのできないもの、少なくともそういう可能性のないものは、真剣に受け取って深い関心を持ちえるほどの十分な実在性がない。

ジュリアス・シーザーは、もし存命中に私たちがローマにいたなら、彼を見ることができただろうと確信するがゆえに、実在した人間である。同種の大衆的な常識によって、幾つかのコミュニティ〔共同体〕は狼人間が実在すると信じていた。〔そうでなければ〕ティーベンヌ・パジェー（Thievenne Paget）という女性は、自分が、ドーバー地方（District of Douvres）で一六〇三年七月一八日に見られた狼の中の一匹だったと認めなかったのではなかっただろうか。(1) 常識にとっては、私たちが重さ、質量、エネルギーを持っていると信ずるもの、そしてそれだけが実在している。

……彼が彼女のために泣くとは、一体ヘカベーは彼にとって何であるのか、彼はヘカベーにとって何であるのか？[*1]

理性的秩序の理念と理想、法律と責務は、もしヘカベーのように血肉を持たないならば、そもそも何なのか。

常識は実証主義的で信じやすいものであり、それを満足させる人間の通常の方法は、理念を実在として取り扱われなければならない時にその理念を実体化〔具象化〕することだった。人々は神々を人間化し、自分たちの先祖にもう一度形を与え、法律を擬人化しその理念を実体化した。彼らは抽象と普遍性を、日々経験する現実と結びつけることにより、具体的な言葉で理解できるもの、従って本当の関心に値するものとした。

計り知れない真理を常識に伝える難しさは、新しいものではない。遠い昔から実体化されえなかった真理は秘教的であり、秘儀を伝授された少数者にのみ伝えうるものとみなされた。福音書は、イエスが少数の者だけに明かしえた神秘があったことを記している。イエスは「聞く耳のある者は聞きなさい」と言われた(2)。しかし――

イエスが独りになられたとき、イエスの周りにいた人たちが十二人と共に、たとえについて尋ねた。そこでイエスは言われた。「あなたがたには神の国の秘儀が授けられているが、外の人々には、すべてがたとえで示される……(3)」

イエスは自分の弟子たちのみには秘かに「すべてのこと」を解き明かされたが、「全群衆には」彼は「人々の聞く力に応じて」御言葉を語られた。「たとえを用いずに語ることはなかった」とマルコは言っている。

なぜであろうか。それは、神の神秘は人間の理解の範囲を超えているからである、とダンテは言っている。すなわち、汝の才に対してはこのように語りかけざるをえない。なぜならば、ただ感覚の対象を通してのみ、後には知性にふさわしくなるものをも捉えうるからである。このゆえに、聖書は汝の能力に合わせて手足を神に帰し、他のものを意味しているのである。[4]

〔水準を落として〕私たちの能力に合わせる必要があるのは、ポール・ティリッヒ〔一八八六－一九六五。ドイツのプロテスタント神学者〕が述べているように、「具体的に出会いえないものに関心を持つことは、それが実在の領域に存在しようと、想像の領域に存在しようと、不可能である。……事柄が具体的であればあるほど、それだけそれに対する関心も可能になる。完全に具体的な存在、すなわち個別的人格は、最も徹底した関心――愛の関心――の対象である」からである。その結果、彼が言うには「神の理念には不可避的な内的緊張」が存在する。すなわち、一方において個別的で有限なすべてのものを超越すると考えられる神と、他方において神のイメージの具体性との間の緊張である。人間的な関心を持つためには、宗教的体験において「存在（being）と存在の関係……具体的な神、すなわち交わることのできる神[5]」が必要とされるのである。

ティリッヒは神の意味を吟味している神学者であり、神を「究極的に人間に関わりを持つものの名」と定義しているが、彼の発見は私たちが研究している問題も解明してくれる。自分たちの個人的な体験を超える理念と理想、そして現存〔実存〕領域においては経験的に立証されえないそれらに、いかにして人間は効果的に関わりを持つことができるのか？　善き社会の原理は存在の秩序への関心を求める。その秩序は感覚器官には実存的には証明できない。そこでは人間の人格は侵害してはならず、理性は意志を規制するものであり、真理は誤謬に勝るものであるということがこの上なく重要である。

しかし、具体的でないものに関心を持つことは難しいため、ティリッヒの言葉に従えば、「人間的体験には緊張」が存在する。超越的な対象に関心を持ち、深く関わっていると感じるためには、私たちはそれを信じなければならない。信じるためには、それは具体的でなければならず、事実ないし想像において、私たちの感覚器官の活動範囲へと引き入れられなければならない。しかし私たちがこのようにして自らの能力を見下ろして手足を神へと帰す時、その信仰は実体化に巻き込まれ、しばしばそれに依拠するようになる。この依拠ゆえに信仰は脆弱になる。なぜなら、例えば手足は比喩であるというような、ごく小さな知識が信仰を破壊するかもしれないからである。

3　具体化された立憲主義

西洋社会における歴史の初期に、ローマの政治思想家たちは、「公共哲学の諸概念――特に法の下における互酬的な権利と義務の理念――は、契約として取り扱うことにより具体化しうる」と着想した。この方法で西洋人の想像力と良心に対して、立憲的秩序から発する自由を唱道し、説明し、現実的なものにしてきた。――「文明社会は公共的な社会契約の上に成立している」という想定を確立することによって、である。

契約は、自発的に到達する合意であって、相互に見返り（*quid pro quo*）があり、それゆえに遵守される見込みがあり——いずれにしても正当に強制することができる。自発的なものなので、当事者たちの同意がある。そこで想定されているのは、一方の当事者が他方の当事者の提案に同意したということだけではなく、同時に、言葉の本来の意味において両当事者が同意したということ——すなわち、彼らは一緒にそのことを考え、感じ、判断したということである。[6] 契約なので、その合意は恐らく十分に特定的であり、それゆえ誤解による争いは最小限になるだろう。それは、当事者たちが相互に期待してよいことを言明するだろう。何が当事者それぞれの権利と義務であるかを言明するだろう。契約の領域では、両者の関係は規定されるだろうし、両者の間の争点を裁定する基準が存在するだろう。

これらが立憲的システムの本質的特徴である。官職についている人もいない人も、すべての人が法的な契約によって拘束されているとき、このシステムは広く行き渡ると言えよう。これなくしては、すなわち立憲政府なくしては、自由は存在しない。なぜなら自由であることの反対は、恣意的に行動できる人々の意のままになるということだからである。それは、あなたに対して何がなされうるかを知っているということではない。計算の権利がなく、反対の手段がないということである。立憲的秩序が存在しない時に独裁と無政府状態が広がる。ともに無法であり、恣意的である。実際、独裁は無法な支配者たちの無政府状態であり、無政府状態は無法な群衆の独裁主義であると定義して良いかもしれない。

文明国の第一の原理は、契約の下にあるときにのみ権力は正統だということである。それで権力が言わば適正に構成されているのである。この原理は支配的に重要なので、西洋世界においては統治契約と社会契約の締結が、野蛮性を文明的品性から分かつ――歴史的ないし象徴的な――一線を画す標識と通常はみなされたのである。

とは言え実際には、現実の文書は多くはなかった。西洋の立憲システムを発展させた公人たちは、実際に署名・捺印・交付された二、三のテキストを扱って仕事をした。「ドイツの諸侯とその領域内の諸身分との間の実際の契約」は幾つか存在したとギールケは言っている。マグナ・カルタ、権利章典、アメリカ憲法のような有名な契約は存在している。しかし本当の歴史上の契約は稀であり、規制されるべきすべての政治権力にそれらが広《カバー》がり始めたわけではない。

善き社会の不文法を対象に含む特定の契約は存在せず、これまでも決して存在はしなかったし、決して実際に存在しうるものでもなかった。その契約とは、モールトン卿〔ジョン・フレッチャー・――。一八四四―一九二一。イギリスの政治家、裁判官〕が呼ぶところの礼節の領域を覆うものであり、それは「義務から良い趣味に至るまで、人が自らに課すべきあらゆるもの[7]」を含む。そこで、ともかくもこれらの不文法に権威を与え、何かの方法で具体的な現実性を付与することが必要である。公共哲学者たちは類推によってローマ法を援用した。それにおいては、ある場合には何らかの明確な契約も伴わない（*quasi ex contractu*）布告により、合意に到達し責務を負うと想定されたのである[8]。

公共的行動の不文法は、契約的であり同意に基づくという一般的理念が最初の先祖から始まって子孫を拘束する、という原始契約の神話に具現している。このような神話は様々な時代と場所で数多くの形をとって現われているが――その神話を具現化することにより――文明的品性は理解の織物であるという微細な〔空気・エーテルのように、この世のものとは思えないほど優美な〕観念を信頼できるものにする。契約の箱〔モーゼの約櫃〕には、神の指で十戒が書かれた二つの石板が入っていると旧約聖書の申命記は述べている。ところで事実問題としては、申命記が編纂された時に契約の箱と二つの石板は存在していなかった。しかしもし全く存在していなかったとなると、いかにして申命記の著者たちがイスラエル人に十戒を守らなければならないということを説得できるだろうか。もし「十戒をモーゼ自身が起草したということは、確実ではなく、単にありそうなことにすぎない。イスラエル人の最大多数の最大幸福を増進する最善の方法について、モーゼが熟慮し、その判断を反映しているものと推定できよう」と告げたとしたら、十戒に対する服従は大して得られなかったであろう。十戒を別のイスラエル人が書いたというよりも、神が書いたという方が、イスラエル人たちがそれに従う見込み《チャンス》は大きかったのである。そしてかつて二つの石板が契約の箱の中に保管されていたという方が、神が十戒を書いたと信ずることは容易だったのである。

多くの近代人は、権力が契約に基づくという理念を拒否した。なぜなら実際問題として、歴史上の契約は全く存在しなかったからである。例えばベンサムは二つの石板を発見できないことを知っており、「政府が契約に始まるというのは純粋な擬制であり、言い換えれば虚偽である。……契約の拘束力が由来するのは、政府以外のどこであろうか(9)」と書いた。

これに対して私たちは、擬制は必ずしも虚偽ではないと答えなければならない。真理の伝達手段でありうるのである。ベンサムが言うところの、契約を拘束する権力を政府はどこから引き出しているのだろうか。〔それは〕コミュニティの人々が、契約には拘束力があるという信念に縛られていると感じており、その人々によって政府が運営されるところからのみ、である。立法者、裁判官、法律執行者たちが法律に愛着を感じている時に、その法律は広く通用するのである。愛着を感じない場合、契約の法律も人権の法律も——憲法も、憲章も、条約法も——ちょうど一九三六年のソヴィエト憲法における百科辞典的な権利章典と同じように、死文となってしまう。

「イギリス人の法律上の権利」[10]についての有名な章においてブラックストンが述べるには、「個人の身体的自由」は部分的に人身保護令によって保護されており、それは、法律によって投獄されたことが法廷において立証されない限り「いかなるイギリス臣民も、長く牢獄に拘留されてはならない」と規定している。そして「囚人の出獄のための法外な保釈金や担保金によってこの法令を避けることのないように、……過大な保釈金は請求されてはならない……と宣言されている」のである。

しかし、個人の身体的自由を保護するための法的手段である人身保護令も——あまりにも明白なことながら——それを遵守し実施しうる場所と時においてのみ保護できる。それは、執行部〔行政〕、議会、裁判官、看守、法律家が、あたかも個人的契約の場合と同じように、人身保護令の諸原則に縛られていると感じる国においてのみだろう。そうでなければ、法律の言葉が何であろうと、カフカの物語の登場人物のように、「なぜ自分が牢獄の中にいるのかという理由をどうしても見つけることができない」ということが誰にでも起こりうるのである。もしブラックストンの時代のイギリスにおいて、人身保護令が宣言している権利と義務が具体的かつ現実的になっておらず、また真の関心事になっていなかったならば、彼もあのような自信をもって、それが恣意的な拘留を阻止するとは書けなかったであろう。

4　適応の言語

ギリシアの哲学者たちが大衆的なホメロス風の宗教を科学の進歩に適応〔調整〕させる必要を感じ始めて以来、人間は「抽象的で非物質的なものを、どのようにして具体的で現実的なものにするか」という問題に取り組んできた。「神学者は一定の教義を広める点では哲学者に似ている。しかしそれを神話的形態で行う点では似ていない」とアリストテレスは言っている[11]。

哲学者たちによって用いられた適応の方法は、神話における実体化をアレゴリー〔寓意〕として、すなわち同じ知識を別の言葉に翻訳するように扱うことであった[12]。例えば悪魔と話をするということは、文字通りそのこと――悪魔という具体的に具現化した人物と対面で話すこと――を意味しえた。しかしそれはまた――ケンブリッジ・プラトン学派のジョン・スミスが記したように「互いに同一の場に存在すること」[13]なく、すなわち悪魔と直に会うのではなく――邪悪な性質の模倣を意味することも可能であった。これは、悪の邪悪さは信じているが人格化した悪魔は信じられなかった人々への適応であった。悪魔は、「個別存在としての背信的な霊」を意味することも、「すべての人間の性質に宿っている背信の精神」も意味することも可能だった。これは多元的解釈の方法である。すなわち、それぞれに「適応する言葉」を用いるのである。「キリスト教徒の紛争と征服」と題する論説のなかでジョン・スミスは、それは正当化でき、正統だと言った。なぜならば「真理は、この世に入り来る時、甘んじて私たちのマントを着、私たちの言葉を学び、言わば私たちの衣服と風習に自らを適応させる。

……それは、最も愚かな人々と最も愚かな方法で話し、真理のすべての子らが人々の善のためにすべきであるように、あらゆる人々に対しあらゆるものになる」からである。(14)

5　適応の限界

しかし信念の多様性に適応するという昔ながらの方法が通用しない限界がある。私たちの時代の分派や宗派の多様性と激烈さから知ることができるように、私たちはすでにこの適応の限界を超えてしまっている。分裂が拡大し、より調停できなくなるにつれ、寛容という一般的原理では対処できない忠誠の問題が生ずるということもわかる。

なぜならば相違に対する寛容は、コミュニティに対する致命的な脅威が存在しないという前提の上にのみ可能だからである。それゆえ寛容は、意見と信念の多様性に対処するために十分な原理ではない。それ自体が、適応というポジティブな原理に基づいている。この原理は、相違の下に合意を見出そうとする努力を求めるのである。

適応がどのようにして達成されるかという研究を始める際に観察するといいのは、多元的解釈を練って推進するのは、アリストテレスの広い用語法を用いれば哲学者たちだということである。哲学者たちは、非物質的な自分たちの信念を、原理主義者たちの具体的で具現化したイメージに適応させるための用語を提案する。こうして悪魔の考察に先鞭をつけたのは、ケンブリッジ・プラトン学派のジョン・スミスだった。ジョン・スミスは、人格化した悪魔を信じていた原理主義者たちに向けて語ってはいなかった。事実、彼がその問題全体について述べたことには、原理主義者たちを困らせる意図は全くなかった。スミスは、人格化した悪魔は信じることはできないがそれでも原理主義者たちと本質的な交わりがあった人々に向かって、語っていたのである。なぜなら彼らは、すべての人が知っているように、私たちすべての中に存在する悪魔の精神を正に信じていたからである。この適応において、キリスト教的プラトン主義者たちは、信じえないものを信じようと試みることを断念した。彼らは、その本質において自分たちの隣人の原理主義者たちが信じたものを信じ続けた。このようにして、隣人らと同じコミュニティに生き続けることができたのである。

「このような難解な真理を適応によって大きな異質の社会に伝達することはどのようにして可能か」について、印象的な歴史上の実例がある。中世のキリスト教世界においては、適応という大きな主題は、公共哲学それ自体、つまり理性的秩序の自然法の起源と拘束力の問題だった。オットー・フォン・ギールケは次のように述べている。すなわち、法律家、神学者、哲学者たちのあいだで無数の学問的論争があるにもかかわらず、「自然法が存在すること、一方においてそれは、地上の権力を超越する原理から発し、他方において真であって完全な拘束力を持つ法であること……地上における最高の権力も自然法の規則に従うということについてすべて合意が存在した。これらは、教皇の上、皇帝の上に、支配者の上、主権者の上に、いや、死すべき者のコミュニティ全体の上に立っていた。制定法も政府の行為も、人々の決議も慣習も、このように定められている束縛を破ることはできなかった。永久的で不変の自然法の原理に矛盾するものは何ものであろうと、全く無効であり、何人も拘束しない」[15]。

しかし、以上のことについては合意があったが、「自然法は神の命令かどうか。それとも、神の存在に基づいていて神自身によってさえ変更できない、永遠の理性の命令なのか」については深遠な論争があった。いかにして人間は、法王や皇帝、すべての死すべき者の上に存在する自然法を想像し、具現化し、具体化できるのか。全知全能なる天上の王の命令としてか。それとも事物の本質の原理としてか。自分たちの見聞きしたことのある人間の立法者の姿に似せて立法者が作られていなければ、従わなければならない拘束力ある法を心に描くことができない人々もいた。〔もしくは〕その人の能力にとっては、それほど多くの実体化を行うことによって〔水準を落として〕合わせる必要のない人々も存在した。

しかしながら決定的な点は、自然主義者と超自然主義者がどこで合意できないかということではない。神の命令にしても物事の道理にしても、超越的で妥当な法が存在するという点で彼らは合意していたということが決定的である。それは、ある人々によって決定されたものではなく、そしてその人々によって公布されたものではないという点で合意していたのである。それは、誰かの幻想や誰かの偏見、誰かの欲望や正当化、心理的経験でも何でもない。主観的にではなく、客観的に存在する。見出すことができる。それには従わなければならないのである。

6　神の死

それならば、哲学者も神学者もともに客観的秩序を信ずる限り、その実体化の程度と種類については適応がありうる。人間の理解能力の範囲と多様性はとても大きい。そこで、その様々な能力に見合うイメージもまた、範囲と多様性も同様に大きいに違いない。だから私たちは、信念の伝達様式である実体化と信念の対象とを混同しなければ、多くの誤解を避けることができる。なぜなら私たちは、何かしら具現化を信じるか信じないかという、比較的表面的な問題の下にまで掘り下げてみるまでは、信不信についての根本的な問題を見出すことはできないからである。

マルティン・ブーバーが「人類によって形づくられた神の偉大なイメージ[16]」について語るとき、多くのイメージが存在しうること、あるいは実際には私たちの感覚的知覚にとって具体性を持つイメージは全く存在しえないということを認識している。

決定的な問題は、人々が心的イメージを信じるか信じないかということにかかってはいない。人間は自分自身から絶対的に独立している実在を経験できると信じるかどうかということにかかっているのである。サルトルがニーチェに倣って「神は死んだ」と言う時に決定的な点は、いかに弱められたものであっても、人間の形をした神の存在を信ずることを彼が拒んでいるということではない。何らの具体的な神のイメージがなくても、偉大な信仰と深遠な宗教は存在しうるし、実際に存在している。根本的な不信が、神の死という比喩の底に横たわっている。サルトルの言葉では「もし父なる神を抹殺するのであれば、価値を創り出す何者かが必要となる……人生は先天的に（*a priori*）意味を持つものでない……人生に意味を与えるのは君たち次第であり、価値とは君たちが選択する意味以外の何ものでもない[17]」。

これとともにサルトルは、父なる神のみならず、私的世界を超えて私たちが属する公共的世界が存在するという認識も棄ててしまったのである。もし善なるもの、正しいもの、真なるものが、単に個人が「創り出す」ために「選択する」ものにすぎないなら、その時私たちは文明的品性の伝統の外にいることになる。私たちは、万人の万人に対する闘争状態に戻ることになるのである。人間の多様性の間における適応のための地点は全く残されることはない。またこのような無秩序《アナーキー》の宣言には適応を見出そうとする意志も存在しないのである。

「ではなぜ、このような現代の哲学者たちには、偉大なる先輩たちのように適応を見出そうとする関心がないのか」と問うことができよう。彼らが比喩――すなわち聖なるイメージ――を信ずることを止めたから、というだけではない。比喩と聖なるイメージの背後に、どのような種類のものでも、知ることができて認識しなければならない独立した実在があるということを彼らが信じることを止めたからである。

このようにして彼らは、「主として人間の制御外の事実に依拠しているものとしての「真理」の概念」を拒否する。バートランド・ラッセルが述べているように、この概念こそ、「哲学がこれまで謙虚さという必要な要素を教えてきた方法の一つだった。傲慢に対するこの抑制が取り除かれる時、やがて一種の狂気への途において――すなわちフィヒテとともに哲学に侵入した、権力の陶酔へ向かって――歩を進めることになる。……そして現代人は、哲学者であろうとなかろうと、そのような傾向を持っている。この陶酔こそ私たちの時代の最大の危険であり、どれほど意図しないものであろうとも、それに寄与するような哲学は巨大な社会的災厄をもたらす危険を増大させていると私は信じている[18]」。

7 天命

そこで最後に、問題はいかに私たちが自己と、私的自己を超えた公共的世界を考えるかということである。多くが哲学者にかかっている。なぜならば、哲学者は王ではないが、教師たちの教師と言えるからである。フランシス・G・ウィルソンは、「西洋の政府の歴史において、社会の変遷は知識人たちの性格の変化によって特徴づけられる」と言っている。[19] それは、法律家・相談役・行政官として政府に仕える人々、学校における教師、医学や神学のような専門職の構成員である。彼らを通じて、様々な教義が実際的な事柄で作動する。そして彼ら自身が学校や大学で学んだ教義には、広く行き渡っている哲学に基づく形式や参考文献、指示があるだろう。

これが、いかにして、なぜ哲学と神学が、私たちの従事する究極的で決定的な研究であるか、という理由である。その中で、時代の学芸において影響を受ける人間のイメージの主たる特徴が規定される。哲学者の役割は、間違いなく、稀にしか創造的ではない。しかしそれは批判的なものであり、「何を信じてもよいのか、いかにそれを信じることができるのか、そして何を信じることができないのか」を決めるにあたり決定的な影響力を持っているという点で、そうなのである。哲学者たちは言わば、十字路に立っているようなものである。交通を動かすことはできないとしても、停止させ、出発させ、いずれかの道に方向付けることができるのである。

私たちの学校や大学の教師たちが公共哲学の偉大な伝統に戻るなら、西洋社会の凋落は阻止されるだろうと私は希望しているものの、そう主張はしない。ただ、有力な哲学者たちが公共哲学の伝統の回復と復活に反対するならば、つまり各人に「創り出すよう」サルトルが告げている価値よりも上位にある秩序の妥当性を支持せずに異議を唱えるならば、すでにずっと進行しているその凋落は決して阻止できないだろうと私はまさに主張したい。

有力な哲学者たちが宗教について言っていること自体は、ティリッヒの用語では、崇拝と愛の究極的な関心としての宗教ではない。しかし、宗教的体験は、各人の心理的状態以上の何にもかかわらない純粋に心理的な現象だと哲学者たちが教えるなら、その教育を受けた人々が宗教的体験を持っている場合、悪しき知的良心を与えることだろう。哲学者たちは彼らに宗教を与えることはできない。しかし宗教から引き離しておくことはできるのである。

哲学者たちは、善き社会の原理に関しても同様な役割を演ずる。この原理は、私たちが見てきたように、第二の獲得された理性的本性によって、生の人間本性に打ち勝つことを要請する。文字通りの意味において、善き社会の原則は、大衆の衝動を変えるほど十分に広がるまでは不評であるに違いない。なぜなら大衆の衝動は、公共的原理に反しているからである。この原理は、信用が傷つけられるなら——もし迷信、反啓蒙主義、無意味な形而上学、反動的、あるいは身勝手な正当化として退けられるなら——広く行き渡ることは不可能である。

公共哲学は、今日の人々のあいだでは知的信用が大いに下落している。そのために、私たちが公共的な論争における言説の条件と呼べるものは、公共哲学を遵奉するすべての人々にとって、とても好ましくないものである。正統性や正しさ、真理といった署名と印鑑は、立憲民主主義の公然の敵ではない時ですら、その教義を否定する人々に取って代わられたのである。

人民の失政の下での西洋の凋落を止めるべきならば、言説のこれらの条件を変更する必要があるだろう。それらは現在、圧倒的に立憲国家の信頼性と正しさに反して設定されている。解放された主権者や人民というジャコバン的概念にとって好ましいように設定されているのである。(20)

もし説得力のある次のような論証がなされるならば、言説の条件を変えることができるかもしれない、と私は希望と切望を込めて論じてきた。それは、サルトルの語法では、善き社会の原理が創案されたり選択されたりするものではないということであり、もし善き社会が存在すべきならば満たさなければならない条件が、私たちの願望以外のところに存在し、そこでは理性的な探求によってそれを発見し、理性的な討論によって発展し、適用し、洗練しうる、ということである。

もし最終的にこの論証が成功したら、それによって、私たちの社会の無秩序状態《アノミー》、進みゆく野蛮化、暴力と専制への転落を心配するすべての人々が再武装するだろうと私は信じている。道徳的印象主義〔道徳を印象として捉える考え方〕というぬかるみのただ中にあって、彼らは堅固な知的基礎の上に再び立ち上るだろう。その基礎には、与えられた重要な目的が存在するのであって、それらは単に企画されたものではないし、従わざるをえない目的であって単なる願いではない。衝突し競合する無数の私的世界の上に至高の公共的世界が存在するという彼らの希望は、再確立されるだろう。この確実さがないならば、彼らの闘争は無益に違いない。

文明的品性の擁護者として彼らは、正統性、正しさ、真理の署名と印鑑なしに済ますことはできない。なぜならば、「そもそも行為しようとする能力と、なしつつある行為が正しいという確信との関係が非常に密接である」ということは実践的な規則だからであり、これは経験豊かな人々にはよく知られている。もちろん、これは行為が必ず正しいということは意味しない。継続的な行為に必要なことは、それが正しいと必ず信じられるだろうということである。この信念なくしては、大ていの人々はその行為をやり抜くエネルギーと意志を持たないだろう。それゆえ、悪を悪として好む悪魔崇拝は、一部の人々の中に存在するし、恐らく多くの人々のなかに潜在している——とは言え、暴力的な私刑の場合のような、もっともひどい病的興奮状態を除いては、悪魔崇拝は群衆に説くことはできないのである。桁外れに悪魔的で怪物的な悪に歓喜したヒトラーでさえ、自分は偉人であるばかりでなく、神秘的〔オカルト的〕な道における義人〔正しい人〕であるという再保証を得ることが必要だったように思われるのである。

ウィリアム・ジェニングス・ブライアン〔一八六〇－一九二五。アメリカの政治家。ウッドロウ・ウィルソン政権では、国務長官に就任した。金権政治を批判し、帝国主義反対を唱え、大雄弁家として知られた〕はかつて、義の鎧を纏《まと》うならば、地上の最も謙虚な市民は罪過の軍勢よりも強くなるであろうと述べた[21]。それは必ずしも真実ではない。しかし最も謙虚な市民が罪過の軍勢よりも強くない理由は、後者もまた、少なくとも自分たちは義の鎧だと信ずるものを纏っているということである。もし彼らが義の鎧を支給されていなければ、彼らは実のところ軍勢では全くないだろう。なぜなら私たちが見てきたように、政治的理念は正統性を獲得する時、人々の良心を縛る正しさの権原を持つ時に、人間の事柄において作用する力を得るからである。その時、儒教の教義にいう「天命〔天から受けた命令〕(mandate of heaven)」をそれが持つことになるのである。

西洋社会における危機において、今や天命が論点なのである。

原注

序文

（1）引用は以下から行なった。Louis Hartz, *The liberal Tradition in America* (1955), p. 50.

（2）Ronald Steel, *Walter Lippman and the American Century* (1980), p. 495.

（3）Paul Roazen, "Walter Lippman's Stature : *Public Opinion*," *Psychohistory Review* (Fall 1985) : pp. 7-11. 以下を参照。Paul Roazen, "Book Review of *Public Philosopher : Selected Letters of Walter Lippmann*, ed. John Morton Blum," *American Scholar* (Winter 1987) : pp. 140-44. 並びに Paul Roazen, "Book Review of Walter Lippmann, *The Early Writings*," (Sept. 7, 1970) : pp. 184-85.

（4）Louis Auchincloss, *The House of the Prophet* (1980).

第I部

第1章

（1）Sir Ernest Barker, *Traditions of Civility* (1948). この一節はコヴェントリー・パットモア〔一八二三－一八九六。イギリスの詩人〕による。

（2）James Bryce, *Modern Democracies* (1921), Vol. I, p. 42.

（3）Sir Henry Maine, *Popular Government* (1886), pp. 60-61.

（4）Graham Wallas, *The Great Society*, Ch. I.

（5）John U. Nef, *War and Human Progress*, Ch. 18.

（6）「一九一四年、一九一五年、一九一六年の軍事大虐殺で、フランス軍は九〇万人以上の人を、イギリス軍はその約半分を、ドイツ軍は優に八〇万人を超す人々を永久に失った。……ロシア軍は一二〇〇万人を動員したが、その中で少なくとも四〇〇万人は死んだと推定され、二五〇万人は捕虜または行方不明となり、その上一〇〇万人は重傷を負った。」Hoffman Nickerson, *The Armed Horde* (1940), pp. 292-294.

（7）*Works* (Ford ed. V, pp. 103-104, 1892-1898). 引用は以下から行った。Yves R. Simon, *Philosophy of Democratic Government* (1951), p. 169.

第2章

（1）Sir Harry Johnston, "Common Sense in Foreign Policy," pp. 1-2. 引用は以下から行った。Howard Lee McBain & Lindsay Rogers, *The New Constitutions of Europe* (1922), p. 139.

（2）Harold Nicolson, *Peacemaking*. Chap. III を参照。

（3）「ワシントン、ジョン・アダムス、ハミルトンなど、共和国の初期の指導者のリストに目を通してみると、彼らがみな自分自身であることを主張し、人民（people）にへつらうことを拒んだ人々であることが認められる。その後世代を重ねるごとに、選任された公職者は人民の意志をリードするのではなく、単に届け出るべきであるという人民の要求が増大し、権力が普通選挙に由来する人々の独立性を、着実に堀崩させたのである。公職ないしは一般の評判を得るために、自らの知的・道徳的な基準と価値の高潔さを犠牲にすることを、アダムス家の人々は持続的に拒絶したが、これはもう一つの物差しであり、これによって、アメリカの生活がその出発点からどれくらいかけ離れたかをはかることができるかもしれない。」James Truslow Adams, *The Adams Family* (1930), p. 95.

第3章

（1）A. F. Pollard, *The Evolution of Parliament* (1926), p. 240.

（2）*Encyclopedia Britannica* (1952), Vol. 19, p. 164, article "Representation."

（3）これらの数字は、友人のアラン・ネヴィンズ教授〔一八九〇‐一九七一。アメリカのジャーナリスト、歴史家、伝記作家〕が私のために準備してくれた覚書からとったものである。一九五二年一月二四日の添え状における彼の言では、「わが国の初期の歴史における選挙の数字について書く人は誰でも、大変不確かな領域に足を踏み入れている。国全体について詳密な結論を明白に述べるためには、信頼できるデータ——統計と一般情報——が余りに乏しい。見てわかるように、私は様々な州と地域についての数字を発見はしたが、しかしそれを国全体に適用するように一般化する根拠はない。思うに、絶対的な確信をもって言えるのは、これらの初期の選挙においては、投票権者は全人口の五%以下であったということである」。

(4) Jeremy Bentham, *The Principles of Morals and Legislation*, Ch. I, Sec. IV.〔関嘉彦責任編集『世界の名著 49 ベンサム、J・S・ミル』中央公論社、一九七九年、八三頁〕

(5) 同、Ch. III, Sec. I.

(6) Edmund Burke's speech on *Conciliation with America* (1775).〔『エドマンド・バーク著作集 2 アメリカ論・ブリストル演説』中野好之訳、みすず書房、一九七三年、一六七頁〕

(7) 「仮想的代表 (virtual representation)」論の有力な代表者はバークであった。演説「議会における庶民の代表の改革について (*On the Reform of the Representation of the Commons in Parliament*)」(一七八四年)を参照。

(8) Otto von Gierke, *The Development of Political Theory*, translated by Bernard Freyd (1939; original first published 1880), p. 92.〔オットー・フォン・ギールケ『ヨハネス・アルトジウス——自然法的国家論の展開及び法体系学説史研究』笹川紀勝・本間信長・増田明彦訳、勁草書房、二〇一一年、七六頁〕

(9) James Bryce, *Modern Democracies*, Vol. I, Ch. IV. John Stuart Mill, *Considerations on Representative Government*. In *On Liberty, Representative Government, The Subjection of Women* (London, Oxford University Press, 1946), Ch. VIII, pp. 272-294.〔J・S・ミル『代議制統治論』水田洋訳、岩波文庫、一九九七年、六八-九八頁〕も参照。

第5章

(1) Sir Henry Maine, *Popular Government* (1886), p. 20.

(2) Yves R. Simon, *Philosophy of Democratic Government*, p. 136, ここで Jefferson, *Notes on Virginia* (Memorial ed.; Washing-

ton, 1903), Vol. II, pp. 162-163が引用されている（著者は、彼が「憲法の中心的欠陥」と称するものを検討している）。

「立法、行政、司法に分かれている政府のすべての権力は、結局は立法部に依存しているのである。同じ手中にこれらの権力が集中していることは、まぎれもなく専制政治に外ならない。これらの権力が行使されるのが多数の手によるのであって一個人の手によるのではないということは、事態を少しも緩和するものではないのである。一七三人の専制君主は、一人の専制君主とまったく同じように、間違いなく圧制的となるであろう。そのことを疑う人びとは、ヴェニス共和国へ眼を向けるがよい。議員たちはわれわれ自身によって選ばれるのだ、というようなことは、われわれにとってほとんど何の役にも立たないであろう。「人民に選ばれた専制政府」というようなものは、われわれがそのために戦ってかちとった政府ではない。単に自由な諸原則にもとづいて樹立されるばかりでなく、そのなかで政府の諸権力が数部門の権力の間に分散され、適度の均衡を保ちながら、それぞれの部門が他の部門を効果的に制約し抑止しあうことなしにその法律上の限界を越えることがないような政府こそ、われわれがかちとるために戦った政府なのである。」〔T・ジェファソン『ヴァジニア覚え書』中屋健一訳、岩波書店、一九七二年、二一五頁〕

（3）しかしWoodrow Wilson, *Congressional Government*, Ch. 5.〔ウッドロー・ウイルソン『議会と政府——アメリカ政治の研究』小林孝輔・田中勇訳、文真堂、一九七八年〕を参照。

（4）Hamilton, Jay, Madison, *The Federalist*, (Modern Library), No. 48, pp. 322-326; No. 49, pp. 330-332; No. 71, pp. 464-466.〔A・ハミルトン、J・ジェイ、J・マディソン『ザ・フェデラリスト』斎藤眞・中野勝郎編訳、岩波文庫、一九九九年、第四八篇「立法部による権力侵害の危険性（マディソン）」二二五－二三四頁、第四九篇翻訳なし、第七一篇「大統領職の任期（ハミルトン）」三二九－三三二頁〕

（5）James Bryce, *Modern Democracies* (1921), Vol. II, Ch. LXIII.

（6）Yves R. Simon, *op. cit.*, p. 174.

（7）Hamilton, Jay, Madison, *op. cit.*, No. 10, pp. 55-62.〔『ザ・フェデラリスト』第一〇篇「派閥の弊害と連邦制による匡正（マディソン）」五二－六六頁〕

第7章

(1) J. C. Talmon, *The Rise of Totalitarian Democracy*〔タルモン『フランス革命と左翼全体主義の源流』市川泰治郎訳、鳳書房、一九六八年〕を参照。

(2) ド・トクヴィルは、すでにアメリカについて書き、後にフランスについて書くことになるのだが、イギリスについては本を書かなかった。エイダ・ツェマック(Ada Zemach)女史がその研究「イギリスのトックヴィル」を『政治学評論』(*Alexis de Tocqueville on England,* in the *Review of Politics*) Vol. 13, No. 3(一九五一年七月)に出した最近まで、トクヴィルのイギリスについての見解はわからなかった。この有益な論文では、トクヴィルの手紙や覚書が並べられている。ツェマック女史は、次のように述べている。「アメリカ、フランスについての彼の見解は、長く詳細に書かれた特別な本に注意深く述べられているが、それとは異なり、イギリスについての彼の考えは、より印象という性格のものである。というのは、特に順序なく大量の書簡のなかに散在し、『旅行記』(*Journal de Voyage*)のなかに束となってあったり、大きな体系的な作品のなかにおける突然の脱線として時に現れたりして、比較と対照によって、思想のある傾向を強調したり明確にしたりしたものなのである」。

(3) Hippolyte A. Taine. *The Ancient Regime* (1888), p. 220からの引用〔イポリット・テーヌ『近代フランスの起源——旧制時代』下巻、岡田真吉訳、角川文庫、一九六三年、八一頁〕。

(4) 同、pp. 220-221.〔『近代フランスの起源——旧制時代』下巻、八一-八二頁〕

(5) 同、p. 232.〔『近代フランスの起源——旧制時代』下巻、一四一頁、第4章注1〕

(6) 同、p. 231.〔『近代フランスの起源——旧制時代』下巻、九五頁〕

(7) John Adams, *A Defense of the Constitutions of Government of the United States of America* (1787), *the Life and Works of John Adams* (edited with The Life by Charles Francis Adams, 1851), Vol. IV., p. 409より。

(8) J. J. Rousseau, "Lettre à C. de Beaumont," in *Oeuvres Complètes de J. J. Rousseau*, edited by P. R. Auguis (Paris, Dalibon, 1824-1825), Vol. 7, p. 44. Translation from Geoffrey O'Connell, *Naturalism in American Education* (1938), p. 23.〔「ジュネーヴ市民ジャン＝ジャック・ルソーからパリ大司教クリストフ・ド・ボーモンへの手紙」『ルソー全集』

第7巻、白水社、一九八二年、四五〇頁〕
（9） J. H. Pestalozzi, address on his birthday in 1818. *Encyclopedia of Religion and Ethics*, Vol. V, p. 166 で引用。
（10） F. W. A. Froebel, *Education of Man*, Sec. 8.〔フレーベル『人間の教育』上巻、荒井武訳、岩波文庫、一九六四年、一八頁〕
（11） *Encyclopedia of Religion and Ethics*, Vol. V, p. i66.
（12） 彼の著作計画を示した覚書から。 C. K. Paul, *William Godwin : His Friends and Contemporaries*. (Boston, 1876), Vol. I, p. 294 に複製。
（13） William MacDougal, *Social Psychology* (London, Methuen & Co., 1950), p. 38.
（14） G. B. Shaw, *Quintessence of Ibsenism* (1891), p. 15.
（15） これらの引用は *Manifesto of the Communist Party* (1848)〔マルクス・エンゲルス『共産党宣言』大内兵衛・向坂逸郎訳、岩波文庫、一九七一年、六九頁〕による。
（16）『共産党宣言』における具体的な提案を参照。
（17） Eric Voegelin, *The New Science of Politics*〔エリック・フェーゲリン著『政治の新科学——地中海的伝統からの光』山口晃訳、而立書房、二〇〇三年〕特に第4章以下などを参照。また以下も参照。J. L. Talmon, *The Rise of Totalitarian Democracy*.〔本章注1〕。
（18） Isaiah Berlin, "Political Ideas in the Twentieth Century" (*Foreign Affairs*, April 1950, Vol. XXVIII, No. 3, pp. 364-366).〔アイザイア・バーリン『自由論』小川晃一ほか共訳、みすず書房、二〇〇〇年、一一四－一一七頁〕
（19） Hannah Arendt, *Ideology and Terror; A Novel Form of Government*. From the *Review of Politics* (University of Notre Dame, July, 1953), Vol. XV, No. 3.〔引用はp. 307〕
（20） *Of the Laws of Ecclesiastical Polity*. In Vol. I, *The Works of Richard Hooker*, edited by J. Keble (second edition, Oxford University, 1841), Preface, Ch. VIII, Sec. 5, p. 182.
（21） *Paradise Lost*. In *the Poetical Works of John Milton*, Bk. V, lines 77-78.〔ミルトン『失楽園』平井正穂訳、岩波文庫、二一五頁〕

（22） *Divine Comedy*, translated by C. E. Norton (1941), *Paradise*, Canto XXVI, verse 117. 〔ダンテ『神曲 天国篇』平川祐弘訳、河出書房新社、二〇〇九年、五七四頁；『神曲下』山川丙三郎訳、岩波文庫、一六九頁〕

（23） *The Persians*, lines 828-836. 〔アイスキュロス「ペルサイ」西村太良訳、『ギリシア悲劇全集 2』伊藤照夫ほか訳、岩波書店、一九九一年、一二四頁〕

第Ⅱ部

第8章

（1） 拙著*Public Opinion*〔W・リップマン著『世論』（上・下巻）掛川トミ子訳、岩波文庫、一九八七年〕第1章から第5章を参照。

（2） 私は「性格」という言葉を、エーリッヒ・フロムが彼の著書『自分自身のための人間』（一九四七年）の49頁の用法と同じ意味で用いている。それは「同化と社会化の過程において、人間のエネルギーが方向づけられるところの比較的不変の形態」を意味する。〔エーリッヒ・フロム『人間における自由』谷口隆之助・早坂泰次郎 訳、東京創元社、一九七二年、八二頁〕

（3） Erich Fromm, "Individual and Social Origin of Neurosis," *American Sociological Review*, Vol. 9 (1944), pp. 380-384. Reprinted in Clyde Kluckhohn and Henry Alexander Murray, *Personality in Nature, Society, and Culture*, (1948), pp. 407, et seq.

（4） William Ernest Hocking, *Human Nature and Its Remaking* (1923), p.15-

（5） John Courtney Murray, S.J., "The Problem of Pluralism in America," in *Thought* (Fordham University, Summer, 1954).

（6） Otto von Gierke, *Political Theories of the Middle Age*. translated with an introduction by Frederick William Maitland (London, Cambridge University Press, 1927), pp. 73-87〔オットー・ギールケ『中世の政治理論』阪本仁作訳、ミネルヴァ書房、一九八五年、一〇六－一一八頁「第九章　国家と法」、引用部分は一〇八頁〕、特に注256を参照。また、以下を参照。Leo Strauss, Natural Right and History (1953).〔レオ・シュトラウス『自然権と歴史』塚崎智・石崎嘉彦訳、筑摩書房、二〇一三年〕

（7） Sir Ernest Barker, *Traditions of Civility* (1948), pp. 10-12.

（8） Mortimer Adler, "The Doctrine of Natural Law in Philosophy," *University of Notre Dame Natural Law Institute Proceedings*, Vol. I, pp. 65-84を参照。

（9） Ernest Barker, Introduction to his translation of *Aristotle's Politics* (1946), p. lix.

（10） 同、lix-lx. また、一つの教会についての聖パウロの言葉「ギリシア人とユダヤ人……未開の人、スキタイ人、奴隷、自由人の違いはありません。」も参照〔この引用は新約聖書に収録されたパウロ書簡のうちの一つ「コロサイの信徒への手紙」三章一一節からの引用〕。

（11） 以下を参照。Otto von Gierke, *Natural Law and the Theory of Society*, translated with an Introduction by Ernest Barker (1934), Vol. I, pp. 224-225.

（12） 同、p. xxxvi.

（13） F. de Zulueta, "The Science of Law," in *The Legacy of Rome*, edited by Cyril Bailey (Oxford, Clarendon Press, 1928), p. 202.

（14） 同、p.204.

（15） 同、p.181.

（16） Gierke, *op. cit.*, p. xxxix.

（17） Erich Fromm, *Escape from Freedom*.〔エーリッヒ・フロム『自由からの逃走』日高六郎訳、東京創元新社、一九六五年〕

（18） *The Journals of Andre Gide*. translated by Justin O'Brien (1947-51), Vol. III, 1928-1939, entry for Nov. 15, 1928, p. 26.〔『ジッドの日記 III』新庄嘉章訳、日本図書センター、二〇〇三年、二三九頁〕

（19） Etienne Gilson, *The Unity of Philosophical Experience*, (1937), p. 271.〔エティエンヌ・ジルソン『理性の思想史——哲学的経験の一体性』三嶋唯義訳、行路社、一九七五年、三二三-三二四頁〕

（20） Adolf Hitler, *Mein Kampf* (1939), p. 56.〔アドルフ・ヒトラー『わが闘争』上巻、平野一郎・将積茂訳、角川文庫、二〇〇一年、六八頁〕

(21) David Riesman, *The Lonely Crowd.*〔デイヴィッド・リースマン『孤独な群衆』上・下巻、加藤秀俊訳、みすず書房、二〇一三年〕

(22) Emile Durkheim, *Suicide.*〔デュルケーム『自殺論』宮島喬訳、中公文庫、一九八五年〕

(23) Arnold Toynbee, *A Study of History*, (1951), Vol. I, p. 41; Vol. V, p.63.〔A・J・トインビー『歴史の研究 I』「歴史の研究」刊行会、一九六六年、六七頁、ならびに『歴史の研究 IX』「歴史の研究」刊行会、一九七〇年、九五頁〕

(24) Karl Jaspers, *The Origin and Goal of History*, translated from the German edition of 1949 by Michael Bullock (London, Routledge and Kegan Paul, Ltd., 1953), pp. 127-128.〔『ヤスパース選集 9 歴史の起源と目標』重田英世訳、理想社、一九六四年、二三五頁〕

第9章

(1) Leo Strauss, *Natural Right and History* (1953), p. 6.〔レオ・シュトラウス『自然権と歴史』塚崎智・石崎嘉彦訳、ちくま学芸文庫、二〇一三年、二〇－二一頁〕を参照。

(2) Sir William Blackstone, *Commentaries on the Laws of England*, Book I, Ch. I.

(3) 同、II, 1.

(4) 同、II, I.

(5) 同、I, I, 3. (Italics mine).

(6) 同、II, I.

(7) 以下の拙著を参照。*The Good Society*, Ch. 12.

(8) *Topics*, Bk. I. Ch. 1, 101a35.〔アリストテレス「トピカ」『アリストテレス全集 2』村治能就・宮内璋訳、岩波書店、一九七〇年、六頁〕

(9) Milton's *Areopagitica* (Oxford University Press, 1949), pp. 18-19.〔ミルトン『言論の自由 アレオパヂティカ』石田憲次ほか訳、岩波書店、一九五三年、二五－二六頁〕

（10） *Rhetoric*, Bk. 1, Ch. 1, 1354a1-3.〔アリストテレス『弁論術』戸塚七郎訳、岩波文庫、一九九二年、二二頁〕

（11） *Topics*, Bk. 1, Ch. 2, 101b3-4.〔「トピカ」『アリストテレス全集 2』村治能就・宮内璋訳、岩波書店、一九七〇年、六頁〕

（12） *Rhetoric*, Bk. I, Ch. 1, 1355a4.〔アリストテレス『弁論術』戸塚七郎訳、岩波文庫、一九九二年、二六-二七頁〕

（13） J. S. Mill, *On Liberty*. In *On Liberty, Representative Government, The Subjection of Women* (London, Oxford University Press, 1946), Ch. II, pp. 28-29.〔ジョン・スチュアート・ミル『自由論』山岡洋一訳、日経ＢＰ社、二〇一一年、五一-五二頁〕

（14） 上院議員でないものが上院議員に攻撃された場合は別である。

（15） Herbert W. Schneider, *A History of American Philosophy* (1946), p. 517 で引用。Fraser's *Works of George Berkeley* in *North American Review*, Vol. CXIII (1871), pp. 455-456 の論評より。

（16） Etienne Gilson, *The Spirit of Medieval Philosophy* (1940), p. 426.〔Ｅ・ジルソン『中世哲学の精神 下』服部英次郎訳、筑摩書房、一九七五年、二九一頁〕で引用。

（17） Karl Jaspers, *Origin and Goal of History* (1953), p. 271.〔『ヤスパース選集 9 歴史の起源と目標』重田英世訳、理想社、一九六四年、四九三頁〕

（18） 以下の拙著を参照。*Preface to Morals*.

（19） *Phaedo*, 98-99. In *The Dialogues of Plato*, translated by B. Jowett (1937).〔プラトン『パイドン――魂の不死について』岩田靖夫訳、岩波文庫、一九九八年、一二七-一二八頁、もしくは『饗宴／パイドン』朴一功訳、京都大学出版会、二八六-二八七頁。なお後者によれば、誓いの言葉に犬などの名を用いるのは「ラダマンテュスの誓い」（ラダマンテュスはクレタ王ミノスの弟であり、その正義ゆえに死後冥界の裁判官になったと伝えられる）と呼ばれ、神々の名を軽々しく用いないための婉曲語法であるという（同二八七頁、注2）〕。

（20）同、118.〔岩田靖夫訳一七六頁、朴一功訳三四四頁〕

第10章

（1）Thomas Hobbes, *Leviathan* (Oxford, Clarendon Press, 1943), Part II, Ch. XXI.〔ホッブズ『リヴァイアサン 2』水田洋訳、岩波文庫、一九九二年、八六頁〕

（2）John Locke, *An Essay Concerning Human Understanding*, edited by A. C. Fraser. (Oxford, Clarendon Press, 1894), Vol. I, Bk. II, Ch. XXI, Sec. 15.〔ジョン・ロック『人間知性論 2』大槻春彦訳、岩波書店、一九七四年、一四〇頁〕

（3）Charles de Montesquieu, *The Spirit of Laws*, Bk. XI, 3.〔モンテスキュー『法の精神 上』野田良之ほか訳、岩波書店、一九八九年、二八八－二八九頁〕

（4）William James, *A Pluralistic Universe*. In *Essays in Radical Empiricism and A Pluralistic Universe* (1947), pp. 88, 90.〔『ウィリアム・ジェイムズ著作集6　多元的宇宙』吉田夏彦訳、日本教文社、一九六一年、七一頁〕

（5）*Nicomachean Ethics*, Book I, Ch. 2, 1094b. 12.〔アリストテレス『ニコマコス倫理学』朴一功訳、京都大学学術出版会、二〇〇二年、八頁〕

（6）同、Book II, Ch. 2, 1104a. 9.〔アリストテレス『ニコマコス倫理学』朴一功訳、京都大学学術出版会、二〇〇二年、六〇頁〕

（7）Thomas J. Slater, *A Manual of Moral Theology for English-Speaking Countries* (5th ed.), Vol. II, p. 308.

（8）J. C. Ayer, *A Source Book for Ancient Church History* (1913), p. 624.

（9）*Encyclopedia of Religion and Ethics*, Vol. III, p. 241. *Catholic Encyclopedia*, Vol. III, pp. 416-417.「告解・婚姻要綱 *Summa de Poenitentia et Matrimonio*」は一二三五年に作られたものである。その後、聖アルフォンソ・マリア・デ・リゴリ〔一六九六－一七八七。カトリック教会の司教、聖人で教会博士の一人、修道会レデンプトール会の創立者〕による『道徳神学』の最終版が一七八五年に出版されるまで、膨大な量の具体的な諸規則が作られた。

(10) Edward A. Westermarck, *The Origin and Development of the Moral Ideas* (1912-1917), Vol. I, pp. 77-78.

(11) 「ガラテヤの信徒への手紙」第三章二二節〜二四節

(12) 「ローマの信徒への手紙」第一二章二節

(13) *The City of God*, XXII, 30.〔アウグスティヌス『神の国 5』服部英次郎・藤本雄三訳、岩波文庫、一九九一年、四九〇頁〕

(14) Ernst B. Haas, "The Balance of Power: Prescription, Concept or Propaganda?" *World Politics*, Vol. V, No. 4 (July 1953). この論文は、国際関係の分野における「権力均衡（balance of power）」という語の定義と、実際に適用された意味の有用な一覧表である。

(15) Haasによる、Richard Cobden, *Political Writings* (London, 1878), pp. 111-14からの引用。

(16) *The Great Ideas, a Syntopicon*, Mortimer J. Adler, Editorを参照。

(17) Hobbes, *op. cit.*, Part I, Ch. 13.〔ホッブズ『リヴァイアサン 1』水田洋訳、岩波文庫、一九九二年、二一〇頁〕

(18) 同、Part I, Ch. 11.〔ホッブズ『リヴァイアサン 1』水田洋訳、岩波文庫、一九九二年、一六九頁〕

(19) *Politics*, Book V, Ch. 12, 1315b13.〔アリストテレス『政治学』牛田徳子訳、京都大学学術出版会、二〇〇一年、三〇三頁〕

(20) Montesquieu, *op. cit.*, Book XI, Sec. 4.〔モンテスキュー著『法の精神 上』野田良之ほか訳、岩波書店、一九八九年、二八九頁〕

(21) N. Spykman, *American Strategy in World Politics* (1942), pp. 21-25.

第11章

(1) *The World's Great Folktales*, arranged and edited by James R. Foster (1953), p. 135.

(2) 「マルコによる福音書」第四章九節。

(3) 同、第四章一〇〜一二節〔本文次段落も同、第四章三三-三四節から〕。

（4）*Divine Comedy*, translated by C. E. Norton (1941), *Paradise*, Canto IV, versus 40-45.〔ダンテ『神曲 天国篇』平川祐弘訳、河出書房新社、二〇〇九年、四四九頁；『神曲 下』山川丙三郎訳、一九五八年、岩波文庫、三二頁〕

（5）Paul Tillich, *Systematic Theology* (1951), Vol. I, Part II, p. 211.〔パウル・ティリッヒ『組織神学 第1巻』谷口美智雄訳、新教出版社、一九九〇年、二六八‐二七一頁〕

（6）*Encyclopedia of Religion and Ethics*, Vol. IV, article "Consent," を参照。

（7）Lord Moulton, "Law and Manners," in *Atlantic Monthly* (July 1924).

（8）Charles Howard McIlwain, *The Growth of Political Thought in the West* (1932), p. 118.

（9）Jeremy Bentham, *Anarchical Fallacies; Being an Examination of the Declaration of Rights Issued During the French Revolution*, Art. II, Sentence i.

（10）*Commentaries*, Book I, Chapter I, 2.

（11）Werner Jaeger, *The Theology of the Early Greek Philosophers* (The Gifford Lectures 1936), p. 10. また以下も参照。Aristotle, *Metaphysics*, Bk. III, Ch. 4, 1000a 4-18.〔アリストテレス『形而上学 上』出隆訳、岩波文庫、一九五九年、九九頁〕

（12）Basil Willey, *The Seventeenth Century Background* (1952), Ch. IV.〔B・ウイレー『十七世紀の思想的風土』深瀬基寛訳、創文社、一九五八年〕を参照。

（13）同、p. 138 et.

（14）同、p. 146.

（15）Otto von Gierke, *Political Theories of the Middle Age*, translated with an Introduction by Frederick William Maitland (Cambridge University Press, 1927). pp. 73-87〔オットー・ギールケ『中世の政治理論』阪本仁作訳、ミネルヴァ書房、一九八五年、一〇六‐一一八頁「第九章　国家と法」、引用部分は一〇七‐一〇八頁〕そして特に注256を参照。

（16）Martin Buber, *Eclipse of God* (1952), p. 22.

（17） Jean Paul Sartre, *Existentialism*, translated by Bernard Frechtman (1947), p. 58.〔J–P・サルトル『実存主義とは何か　増補新装版』伊吹武彦・海老坂武・石坂晴己 訳、人文書院、一九九六年、七八頁〕。また、以下も参照。Martin Buber, *op. cit.*, p. 93.

（18） Bertrand Russell, *History of Western Philosophy* (1945), p. 828.〔バートランド・ラッセル『西洋哲学史――古代より現代に至る政治的・社会的諸条件との関連における哲学史　改版』市井三郎訳、みすず書房、一九六九年、八二〇頁〕

（19） Francis G. Wilson, "Public Opinion and the Intellectuals," in *American Political Science Review* (June 1954).

（20） 第7章を参照。

（21） 一八九六年、シカゴにおける民主党全国大会での演説。

訳注

第2章

＊1　イギリスのネヴィル・チェンバレン首相が、一九三八年のミュンヘン会談においてナチス＝ドイツの勢力拡大を一定程度認めて平和維持を目指した宥和政策を、チャーチルは批判し、ヒトラーとの対決を主張した。

第3章

＊1　ノルマンディー公ウィリアムがウィリアム一世として即位してノルマン朝（一〇六六‐一一五四）が成立。ノルマンディー公国を併合し、国制の整備に努めたヘンリー一世の死後、約二〇年にわたる王位争いの内乱の状態が続き、フランス西部アンジュー伯ヘンリー（二世）がイギリス王に即位しアンジュー朝（一一五四‐一三九九、プランタジネット朝とも呼ばれる）を開いた。十字軍遠征に出て長くイギリスを留守にしたリチャード一世（獅子心王）や、「マグナ・カルタ」に署名させられたジョン王、ヘンリー三世、エドワード一世、エドワード二世、百年戦争を始めたエドワード三世、リチャード二世と続いた。

＊2　以下、原文では the people と *the people* で表記されている。訳文では前者を人々、後者を人々とした。

第4章

＊1　plebiscite はラテン語の平民（plebs）の議決（scitum）を意味する言葉。広義には国民投票と同義に用いられるが、もともと領土の併合変更などに際して領土の帰属を国民または当該地域の住民の投票によって決定するような場合に使われた。ヒトラーによるオーストリア合併に関する投票（一九三八年）もこれ

にあたる。

第5章

＊1　エドマンド・バーク（一七二九‐一七九七）は、イギリス西部の都市ブリストル市選出の下院議員で、「有権者の見解は代議員が常に喜んで耳を傾け、常に真剣に考慮すべき懸けがえのない貴重な見解に他ならない。しかし代表が自己の判断力と良心の最も明白な確信に反してまでも必ず盲目的盲従的に追従し投票し支持せねばならぬという如き権威的指図、委任の行使なるものは、少なくともこの国の法律の上では前代未聞のものであり、我が国の憲法の秩序と精神全体の完全な取り違えから生ずる誤解に他ならない」（『エドマンド・バーク著作集２　アメリカ論・ブリストル演説』中野好之訳、みすず書房、一九七三年、九二頁）と議員の独立性や、地元の利益のみを追求しないことを表明した。

第7章

＊1　「試され、不足していることが判明した」とは、旧約聖書のダニエル書五章二七節における「あなたは天秤にかけられ、不足と判明したということです」（聖書協会共同訳）を意識した表現。

＊2　該当するトクヴィルの文章は「私はだから、民主的諸国民が今日その脅威にさらされている圧政の種類は、これに先行して世界に存在したなにものともにていないだろうと思う。」（松本礼二訳『アメリカのデモクラシー第二巻下』第二巻第四部第六章、岩波文庫、二〇〇八年、二五六頁）。

＊3　Long Parliamen（長期国会とも）は、一六四〇年にイギリス国王チャールズ一世が招集した国会で、一六四〇年の短期議会（Short Parliament）と対比して名付けられた。国会議員の承認がなければ解散できなかったため長く続いた。

＊4　「雀が落ちる」the fall of a sparrowは『ハムレット』の第五幕、第二場より。

第8章

＊1　この言葉はウィリアム・ジェームズの『プラグマティズム』第一講における tender-minded／tough-minded の対比との関連議論を念頭に置いていると思われる。

＊2　ジョージ・バーナード・ショーの以下の文句を念頭に書いていると思われる。"He who can, does. He who cannot, teachs."（「できる者は自分でやる。できない者が教える」（池澤夏樹『叡智の断片』集英社文庫、二〇一一年、二〇九‐二一二頁）。

＊3　「天にあるものも地にあるものも／見えるものも見えないものも／王座も主権も／支配も権威も／万物は御子において造られたからです。」（「コロサイの信徒への手紙」一章一六節、聖書協会共同訳）。

第9章

＊1　この箇所は、テルトゥリアヌス（三位一体を説いた二世紀ごろのキリスト教神学者）が述べた、「殉教者の血は教会の種」という言葉を反転させて書かれたものであろう。

＊2　シェンク対アメリカ合衆国事件（一九一九年）でのホームズ判事の発言。第一次世界大戦中、シェンクが徴兵制への反対を唱えたことに対して言論の自由の制限が適用された裁判であり、表現の自由の限界を考える上での「明白かつ現在の危険」という規則を築いたもの。

＊3　イギリスの財政家トーマス・グレシャム（一五一九‐一五七九）が唱えたことに由来するこの法則は、「悪貨は良貨を駆逐する」で知られる。ここではその転用がなされている。

第10章

＊1　原文には注がないが、原注4と同様にジェームズからの引用。*A Pluralistic Universe*, p. 253. 邦訳一九三頁。

＊2　『論語』「至政第二」より、「子曰、吾十有五而志乎学、三十而立、四十而不惑、五十而知天命、六十而耳順、七十而従心所欲不踰矩。」（書き下し文：「子の曰はく、吾れ十有《ゆう》五にして学に志《こころざ》す。三十にし

て立つ。四十にして惑《まど》わず。五十にして天命《てんめい》を知る。六十にして耳順《みみした》がう。七十にして心の欲する所に従って、矩《のり》を踰《こ》えず」（金谷治訳注『論語』岩波文庫、一九六三年、二八頁を参照）

＊3　『旧約聖書』「コヘレトの言葉」八章一五節「そこで、私は喜びをたたえる。太陽の下では食べ、飲み、楽しむことよりほかに人に幸せはない。これは、太陽の下で神が与える人生の日々の労苦に伴うものである」。もしくは『新約聖書』「ルカによる福音書」一二章一九節「自分の魂にこう言ってやるのだ。「魂よ、この先何年もの蓄えができたぞ。さあ安心して、食べて飲んで楽しめ」」。

＊4　一般的には *Inter arma enim silent legas* で、初出の一つはキケロの *Silent enim lēgēs inter arma* と考えられている。

第11章

＊1　シェイクスピア『ハムレット』第二幕第二場におけるハムレットの独白。ヘカベーはギリシア神話に登場する女王で、イリオスの王プリアモスの妻。

解説　文明的・政治的危機の時代に甦る公共哲学の原点

1　ポピュリズム、コロナ禍、独裁国の侵略戦争に対する「文明的品性の哲学」

本書『公共哲学』（一九五五年）は、公共哲学という言葉を初めて本格的に用いた記念碑的著作であり、公共哲学という学問的潮流のまさしく起点をなす。この点には、歴史的な思想的意義がある。公共哲学の原点としてはハンナ・アーレントやユルゲン・ハーバーマスが挙げられることが多いが、概念そのものは本書に始まる。

公共哲学に相当する思想は、西洋ではプラトンやアリストテレスなどのギリシア哲学から長い歴史を有し、時代を貫く普遍的意義とともに、それぞれの時代に固有の意義を持つ。本書が初めて邦訳された『公共の哲学』（矢部貞治訳、時事通信社、一九五七年）においても、その時代の特性が刻印されている。

それでは、現時点において本書はどのような意義を持っているだろうか。「公共哲学の原型」たる本書には、近年の以下の展開によって新しい時代的意義が加わったと言うことができるだろう。

第一に、左右のポピュリズムの勃興による、民主主義の世界的危機である。民主主義を牽引してきた西洋諸国で、極右とすら形容される政治的運動が議会において無視できない議席を持ち始め、民主主義の母国とされている英米仏ですら、トランプ政権（米）やボリス・ジョンソン政権（英）のように、ポピュリズム的傾向を帯びる政治家が政権を担った。日本でも、政権や新しい政党に、このような傾向が看取できる。

これらの政治は、従来の民主主義的政党や政治家とは大きくスタイルや内容が異なっている。その特色の一つが、敵味方の二分法を多用して、従来の政治的エスタブリッシュメントを敵視し、庶民・人民に訴えようとすることである。たとえば、トランプ前大統領のツイッターに典型的に見られたように、嘘も含めて直截に自分の認識や意見を述べ、時には口汚く「敵」とみなす政治家を攻撃したり罵ったりする。このスタイルは、従来の政治的良識から見れば知性や品位を欠いていて、顰蹙をかうものだが、支持者の拍手喝采を受け、人気の上昇を招くことがある。既成政治に不満を持つ大衆にとって、この異端的な政治的様式こそが魅力となり、政治的エネルギーの源となるのである。

もちろん問題は、このような政治が民主主義を衰滅させ、世界に混乱や不幸を引き起こすのではないか、ということである。振り返ってみると、これに似たスタイルの極右的政治が世界を席巻したのは、枢軸国のファシズム・全体主義とそれによって引き起こされた第二次世界大戦だった。

その歴史的悲劇の中から生まれたのが本書である。当時のアメリカを代表するジャーナリストだった著者リップマンが、世界大戦をもたらした政治について省察を重ね、その悲痛な体験が繰り返されないように、「公共哲学」という概念を鋳造して洞察を集約した。それは、二〇世紀の「西洋の自由民主主義」の「失敗」や「病弊」（第1章・章2章）に対して、自由民主主義に失われがちな「公共哲学」の必要性を訴える書である。よって、その公共哲学の中核的概念は、野蛮で暴力的な思想に対する「civility（文明的品性）の哲学」なのである。

トランプ政権は二〇二〇年の大統領選挙で敗北して退陣したとはいえ、日本も含め世界の各地でポピュリズムによる民主主義の危機は継続している。よって、今こそ、リップマンの到達点である本書を顧みて、現在の危機を克服するための思想として生かすべきだろう。

第二に、二〇二〇年から続く世界的なコロナ禍は、第二次世界大戦以来の犠牲者と混乱を内外で巻き起こしている。現在はまだその渦中にあるが、過去における感染症の大流行後と同じように、収束後には、この厳しい歴史的経験に基づいて、新しい世界の構築が思想的にも現実的にも課題となるだろう。

たとえば、英米やブラジル、日本など、ネオ・リベラリズム（リバタリアニズム）の影響が強かった諸国は、市場経済における利益を重視するあまり、感染症対策が中途半端ないし等閑となり、被害者の増大を招いた。これを直視すれば、健康・生命を守るための公衆衛生をもっと重視する必要性が浮かび上がるはずだ。公衆衛生はpublic healthの訳語であり、直訳すれば「公共的健康」である。

「公衆衛生＝公共的健康」は公共的利益・公共善の要の一つであり、公共性の実現を最優先する思想こそ、「公共哲学」に他ならない。よって、コロナ禍という悲痛な体験により、公共哲学の重要性が改めて認識されて然るべきだろう。浅薄な「世論」に流されることなく、私益に対して「公共的利益」を優先することこそ、本書の要諦である。コロナ禍が終わっても、地球環境問題のもたらす異常気象のように、次々と危機が押し寄せることが予想される。この中から、新しい文明が生まれ出ずるとすれば、その中核となるのが公共哲学であろう。

さらに第三に、二〇二二年二月のロシア・プーチン政権のウクライナ侵攻によって、独裁国による侵略戦争という深甚な危機までもが生じ、世界が震撼している。この侵略はナチス・ドイツのポーランド侵略を想起させ、展開次第では第三次世界大戦にすらなりかねないものである。独裁国による侵略に始まる世界大戦こそ、リップマンが本書を執筆した時代背景だった。これに対して西洋の民主主義諸国が早期に適切な対応ができなかったという問題こそが、本書における公共哲学の提起を促したのである。

アメリカやNATO諸国が軍事的に介入すれば、世界大戦と核戦争の危機が現実化してしまう。他方で軟弱な対応をすれば、第二次大戦後の国際的秩序が崩壊して、独裁国家の侵略が許される無秩序状態が現出するだろう。第二次世界大戦時のジレンマが、新しい形で再び現れた。西洋民主主義諸国が、この難局に対して適切に対処し、世界的危機の拡大を抑止できるだろうか。さらに、このような事態の現出には、ロシアのプーチン政権だけではなく、西洋民主主義諸国の国際的政策（たとえばNATOの東方拡大）にも責任の一端がないだろうか。

この大危機にあたって、再び「独裁対民主主義」という構図が現れている。これは、「野蛮な暴力対文明的な品性」の対立でもある。アメリカで、品位を欠いたトランプ政権よりも理性的なバイデン政権が成立していたのは、幸いだった。すぐに行われた強力な国際的経済制裁には、第二次世界大戦時の宥和政策の教訓が生きていると思われる。リップマンが当時の失敗から紡ぎ出した公共哲学の要請に、新たに耳を傾ける時が到来したのである。日本もまた、「文明的な品性」を重んじて、平和の回復のために最善を尽くすべきだろう。

本書では「civility の哲学」と「公共哲学」という両語がほぼ同意語として用いられているが、civility の訳し方は難しく、前述の初邦訳では公民道となっている。「civility の哲学」という概念についてリップマンは、イギリスの政治思想史家アーネスト・バーカー（一八七四－一九六〇）の『civility の伝統』（一九四八年）を最初の注で挙げている。バーカーは civility について「civilized される状態」という辞書の定義を挙げ、この本を「文化と文明の歴史における一連の研究」と説明しつつ、civility が文明（civilization）よりも良い言葉であるとしている。彼は、イギリスの詩人・文芸評論家のコヴェントリー・パットモア（一八二三－一八九六）の「六〇〇〇年の公正な要約である／civility の伝統」という二行の詩句に示唆されて、この書名を付けたという。詩人ダンテのいう *humana civilitas* の継続的な脈絡がこの書物に一貫しているというのである。

よって、リップマンもこのような意味を念頭に置いていると思われ、自然法に基づく[1]「civility の哲学」という彼の説明も、バーカーの考え方に大きく依拠している。もっとも、リップマン自身はこの言葉を定義していないため、英語圏の研究書では辞書的な意味と用例から考えている[2]。その実質的な内容は、古代からの「偉大な」伝統における文明的特性や自然法、自由、権力制約などを含んでいる。つまり自然法に基礎を置き、古代から連綿として現実に存在している自由と権力制約の哲学という意味であり、今日においては自由民主主義を支える不変の哲学を指す。

翻訳にあたっては、civil という言葉に即して「市民性の哲学」という訳も考えたが、上述の説明からわかるように civility には「文明」という意味が強い。実際、ギリシア・ローマ以来の都市国家や市民だけをリップマンは念頭に置いているのではなく、中世のカトリックにおける自然法という意味が含まれている。civility には、野蛮に対する文明的・品位礼節という意味があり、彼は、野蛮に対する civility の哲学という表現を用いている。これは「文明性の哲学」を指すことになる。

他方で civility には「礼節・品位・品格」という意味も含まれているが、「礼節」には行儀作法のイメージが強く、自由や権力制約という政治的な意味から距離がある。さらに最近、政治哲学で dignity（尊厳）を「品位」と訳すことがあるので、「品性」という訳語を選んだ。こうして本書では、上述の二つの時代的危機における意味、つまり第一の「品位・品性」という意味と、第二の「文明性」という意味を込めて、「文明的品性の哲学」と訳すことにした。

今は、「民主主義の危機」と「感染症による文明的危機」と「独裁による侵略戦争」というこの三つの危機が重なっている。この文明的・政治的危機の時代において、「文明的品性の哲学」こそが、シヴィリティという良識の復活によって民主主義と平和を再生させ、公共性の復権によって新しい文明を開花させ、二つの危機を乗り越える道を開削しうるかもしれない。

2　リップマンの政治哲学の変遷――「世論＝公共的意見」から「公共哲学」へ

「公共哲学（public philosophy）」という概念が一九八〇年代頃から思想的に浮上したのは、主としてR・ベラーらやM・サンデルらの「コミュニタリアニズム」の理論家がこの語を用いたからである。もっとも、この用語の内包について明確な規定ないし合意は必ずしも存在していない。その点でも、リップマンの公共哲学を改めて振り返ることの意義は大きいだろう。

偉大なジャーナリスト・政治評論家にしてかつ優れた政治理論家でもあったウォルター・リップマン（一八八九－一九七四）は、周知のように、有名な『世論（*Public Opinion*）』（一九二二年）で、「ステレオタイプ」などの概念を提起して、民主主義における非合理的な人間性の影響に注意を喚起した。しかし、彼のその後の展開、なかんずく、公共哲学の提唱は、日本ではそれほど知られてはいないだろう。そこで彼の仕事と思想的な歩みを概観しておこう。(3)

彼は一八八九年にニューヨークに生まれて一九七四年に八五歳でその地で没した。ユダヤ系ドイツ移民の裕福な育ちで、一九〇六年にハーバード大学に入学した。リップマンの作品を読んで訪ねてきたプラグマティズムの哲学者・心理学者ウィリアム・ジェームズと交流し、プラトン主義的な哲学者ジョージ・サンタヤーナの助手を務めた。一九〇八年に社会主義クラブを作り、一九一〇年には客員としてイギリスから訪れた政治学者グレアム・ウォーラスのセミナーに参加した。そこで彼の当初の思想にはサンタヤナやウォーラスの影響がある。

学生時代に新聞の仕事を体験して、卒業後に雑誌『エブリデイズ・マガジン』の仕事に携わり、最初の著作『政治序説（*A Preface to Politics*）』（一九一三年）を出版する。若き日の彼は、科学を楽観的に信頼し、改革主義的・急進的である。革新主義者ハーバード・クローリーが創刊した雑誌『ニュー・リパブリック』に移って論陣を張り、革新主義的なセオドア・ルーズベルト大統領やウッドロウ・ウィルソン大統領を支持しつつ『彷徨と会得（*Drift and Mastery*）』（一九一四年）を出版する。

第一次世界大戦を経て社会主義とは決別し、革新主義における中央集権的・科学的改革を望んだ。

ウィルソン大統領らに招待・依頼され、新聞を辞して連邦政府に勤務した。ウィルソン大統領の一四カ条の草稿作成に関与して、情報担当のアメリカ陸軍大尉となってイギリスに渡り、宣伝活動や講和に努める。しかしベルリン講和会議の進行に幻滅し、帰国すると『ニュー・リパブリック』に戻って講和条約に反対した。

一九二二年に民主党系の新聞『ワールド』に移って論説主幹となり、共和党のクーリッジ大統領やフーバー大統領を批判した。同時に、彼の関心は民主主義に内在する弱点へと向かい、『世論（輿論）』と『幻の公衆』（一九二五年）を刊行する。[4] 本書を深く理解するためには、この二著の題名が *Public Opinion* と *The Phantom Public* であることに注意すべきだろう。前者は日本語では『世論』となっているから『公共哲学』との連続性がわかりにくくなるが、*Public Opinion* を直訳すると『公共的意見』だから、中期以降のリップマンにおける代表的な三著は、いずれも「公共」をめぐる作品なのである。

フェビアン協会の創始者の一人だったウォーラスは、『大社会』（一九一四年）や『政治における人間性』（一九二一年）において、工業化による「大社会（great society）」への移行に伴って生じる問題に注意を促し、心理学的知見を導入して、人間は利害や計算だけではなく本能や衝動によって動かされることを示した。驚くべきことに『大社会』は若きリップマンに捧げられているのだが、その影響を受けて自らの政治哲学を展開し始めたリップマンも、『世論』などで非理性的・衝動的な人間性を注視している。

大社会においては事実を直接見聞することが難しく、間接的で目に見えない事実についてメディアなどを通してしか知ることができない。彼はそれを「疑似環境（pseudo-environment）」と呼んで、それによって思想・感情・行為が決定されると洞察した。そして、「ステレオタイプ」（文化によって類型化され、社会的に共有された固定的な観念）に人々の認識は影響を受ける。新聞をはじめメディアは必ずしも真実を伝えるとは限らず、メディアに世論は操作されるし、人々の認識や意見は文化におけるステレオタイプに影響される。

こうしてリップマンは、自分の宣伝活動の経験にも鑑みて、戦時下の事例に言及しながら、「世論＝公共的意見」が正確で理性的であるとは言えず、ステレオタイプによって汚染されていて信頼できないことを指摘した。よって、世論は真実とは異なりがちであり、平均的な公衆には公共的問題に対して方向を定める能力があるかどうか疑わしいという懐疑的な見解を表明したのである。

この世論批判は、プラトン的な古典哲学における真知の議論や、その観点からの扇動者やソフィストへの批判と類似している。『世論』の劈頭に、プラトンの『国家』における洞窟の比喩が一ページにわたりエピグラフとして引用されているのは、このことを象徴している。この比喩では、人々は地下の洞窟で、足と首を鎖でつながれていて、自分たちの影しか見ることができない。彼は『世論』最終章（第28章）で再びプラトンの『国家』に戻って哲人王論に言及し、「理性への訴え」で締めくくっているが、「合意による統治」という素朴な民主主義理論に対して、真実の知識という観点から思想的難点を指摘したのである。

続いて『道徳序説』（一九二九年）では、教会・国家・階級・家族・法律・慣習などの古い権威が瓦解した一方で、それらに代わるものを見つけることができないという自由主義のジレンマを示し、より高い人文主義（higher humanism）と超然（detachment）とした無私（disinterested）を中心とする生き方の理想を提示した。それは、「霊（精神 spirit）の宗教・哲学」であり、卓越性を求め、共感に基づいて愛に向かい、情熱を文明化する魂の性向である。このような宗教的・哲学的叡智の洞察に基づき、新生した無私で成熟した生き方によって、自由を活用することができる。彼は、このような生き方をビジネス・政治・愛や結婚などについて描き出している。(5)

リップマンは、もともとサンタヤーナの新プラトン主義的自然主義の影響も受けていたが、このように後期になるとそのような傾向が復活し、プラトンのような古典的哲学の色彩が強まっていく。プラグマティズムや楽観的な科学主義は後退し、それに代わって人生を世俗的な実存〔現存〕と、超越的な本質との間の緊張関係と捉えるようになる。真理・意義・価値の哲学によって人間の道徳的新生を求め、信仰の衰退した時代において、洋の東西の宗教や哲学を援用しつつ、美徳や超越的な理性を主張した。そして権力や権威についても理想的なポジティブな理念を提起したのである。(6)

それに伴って、彼の政治的立場も、初期の改革主義的・民主党的な姿勢から穏健で伝統や道徳を重視する方向へと変化し、共和党的色彩が強まった。リベラルな革新主義から悲観主義的な保守主義・反動主義や貴族主義になったという評も存在する。彼は共和党系の新聞『ニューヨーク・ヘラルド・トリビューン』に移って一九三一年から論説「今日と明日」を執筆し、一九七四年（七八歳）まで書き続けた。著名になったリップマンの記事を大統領たちは読み、場合によって彼は助言を求められることすらあった。

彼はフランクリン・ルーズベルト大統領のニュー・ディール政策に当初の二年間は好意的で、『自由の方法』（一九三四年）では人間性についての楽観主義に立ち戻り、不平等や経済活動に対する調整者と政府を見て、ケインズ的政策や「修正自由経済」のような自由な集合主義（free collectivism）を主張した。ところが、大統領が大恐慌に対処するために権力を強化し報道の自由や司法への介入の危険を感じると、自由や立憲主義的政府を守るために大統領を批判した。

そして一九三〇年代後半になると、ナチズムやイタリア・ファシズムの脅威という時代背景の中で『善き社会』（一九三七年）を刊行した。彼は再び人間性について悲観的になって、ファシズムやソ連の共産主義とともにニュー・ディールの「集合主義」も、人間の能力を超えていて専制をもたらすと非難した。それに対してアダム・スミス以来の自由主義を擁護しつつ、その基礎に精神的・霊的な「より高い法」があるとした。

それは、無私や正義に立脚して道徳的であり、人間が文明化する努力の中で発見された人権や、奴隷や従属の状態から解放されていく過程で得られる自由である。抑圧や専制に抵抗する決意や、無私や共感などの美徳が必要であり、十分な人が美徳を有するようになることによって「善き社会」が実現する。そこには青写真や設計図はないが、文明化によって、平等な権利を擁護し、恣意的な権力から人々を守り、自由で平等な人間による友愛の結社という理想が存在するのである。野蛮な専制や全体主義、集合主義的体制は根本的に非宗教的で宗教を破壊しようとするが、全ての人間は不可侵だという宗教的確信や、人間の魂に基づく活力（エネルギー）の上に「善き社会」が建設されうる。

この書物は、第二次世界大戦前という時代の制約の中で、集合主義的政治体制を批判しつつ、『道徳序説』で説かれた美徳や新しい生き方を基礎にして、「善き社会」の道徳的ビジョンを提起している。さらに「自然法」により自由主義を正統化するという議論が現れた点でも、『公共哲学』へと至る重要な一里塚となっている。

本書『公共哲学』は、『善き社会』刊行翌年の一九三八年から執筆が開始されているが、完成して刊行されたのは一九五五年であり、第二次世界大戦を挟んでいる。当然、この時代的な経験が大きく影響しており、しかも戦前と戦後という大きく異なった時代の諸相が反映している。とはいえ、「『世論』『幻の公衆』→『道徳論序説』→『善き社会』→『公共哲学』」というように、プラトン的・超越的な道徳哲学へと一歩一歩展開していることが看取できる。プラトン的な観点からすれば、「公共的意見」は「臆見」に相当し、「公共哲学」において、臆見に左右されない哲学を提起するに至ったということになろう。

戦後の冷戦下では、共和党のアイゼンハウアー候補に当初は好意的だったものの大統領になると批判し、一九五八年にはソ連のフルシチョフのインタビューでピューリッツァー賞を受けた。一九六〇年代には共和党のニクソン大統領には厳しく、民主党のケネディ大統領には好意的だった。ケネディはリップマンと会ってその意見を聞き、大統領就任演説にもリップマンの影響があった。しかしケネディ暗殺後に、ジョンソン大統領がベトナム戦争を本格的に開始すると非常に批判的になって非難するようになる。一九六六年に「今日と明日」の執筆を止めたが、ニクソン大統領にも不信感を持っていた。

ある研究書では、このようなリップマンの思想的変遷を「五つの公共哲学」と整理している。「科学的リアリズムからロマンティック・ルネッサンスへ」と総括し、「①初期の楽観主義（『政治序説』

『彷徨と会得』)、②民主主義と世論の欠陥(『世論』『幻の公衆』)、③調整者としての国家(『道徳序説』)、④補償される経済(『自由の方法』『新しい緊急課題』)、⑤自由市場、文明的品位、そして自然法(『善き社会』『公共哲学』)とまとめている(7)。

これらの間の様々な思想的変化を批判的に捉える見方もある。他方で、修正や洗練を通じての一貫性を看取する見解もある。世俗的世界と超越的世界という二領域の観点からすると、今日の状況において民主主義的国家と社会を効率的に機能させ哲学的に正統化するための、目的のある「二〇世紀の巡礼」のようなものだとみなすのである(8)。

3　自然法的公共哲学

本書の原題は『公共哲学のための論集(*Essays in the Public Philosophy*)』である。まず第Ⅰ部「西洋の凋落」では、戦間期以来の民主的諸政府の(ヒトラーに対する融和政策などを巡る)様々な失敗や麻痺を「民主主義国家の病弊」(第2章)と捉え、その原因を(戦争を嫌い、正しい知識や判断能力のない)世論に「民主的政治屋〔政治家〕」が迎合・追随してしまうことに求めている。そして、そもそも(投票によって示される)有権者としての「人々(人民)」の意見と、歴史的共同体における「統合体的人民」としての「人々」のそれとの相違を指摘して、有権者の意見はそのまま「公共的利益」とは見なし得ない、とする。なぜならば、(コミュニティの利益をその構成員の利益の総和)と見なすベンサムの見解は間違っており、コミュニティの構成員たる人々は(誕生や死により)刻々と変化するし、また将来の子孫の幸福や安全にも配慮する必要があるが故に、――バークが言ったような――「(先祖や子孫も含めた)不可視で、不可聴で、これほど大きい非存在のコミュニティ」こそが重要だからである(第3章)。有権者は、たいてい、特殊で、地域的で、自分に関わる見解を越えられず、その利益や見解は、多様で衝突し、自己中心的だから、その私的、社会的利益の統計的な総和を、「公共的利益」(第4章)とは見なせず、「統合体〔団体〕としての人々」こそが主権の真の所有者である。その公共的利益は、(明晰に見て、合理的に考え、無私で慈悲深く行為した場合に)人々が選択するようなものである。

さらに、彼は、共に選出される(公共的利益に責任を持つ)行政府と(ある程度まで有権者の代理人《エージェント》たる)議会とを、それぞれ統治と代表という機能を持つものとして峻別し、この二つの権力が均衡しているべきなのに、行政府が弱体化してしまった事が問題である、とする(第5章)。このために、選挙民から統治権を切り離してその強化を企てる(ソ連の共産主義や、ドイツ・イタリアのファシズム、スペイン・ポルトガル、チトーやペロンなどの)「全体主義的反革命」(第6章)が起きたのであり、この歴史の教訓から学ばなければならない。

そもそも、民主主義には、(統治階級が徐々に選挙権を拡大した)イギリス型の自由主義と、(急進的な革命を起こした)フランス型のジャコバン主義とが存在し、アメリカは、(革命を経験したとは言え)ジェファソンらは統治(政府)の関心をもっていたという点において、イギリス型であった。にもかかわらず、今日は、ルソー―ジャコバン主義やマルクス主義などの、「自由民主主義の敵対者」(第7章)の影響が強くなっている。ルソーからペスタロッチ、フローベルに至る「民主的教育」が、人間の自然な本性の善性を肯定し、そのまま植物のように発育させようとするように、これらの「ジャコバン的福音」は、衝動や情熱を統御させる公共哲学を欠いている。逆にそれらを扇動し、人間の有限性の自覚を欠いているがゆえに、レーニン主義ないしレーニン・ヒトラー・スターリンのような全体主義をもたらす、というのである。

このような時代診断を踏まえて、リップマンは第Ⅱ部「公共哲学」で、それに対する彼の処方箋を提出する。その公共哲学とは、実際には、（統治者と主権者、死すべき者の全コミュニティの上に理性的な秩序の普遍的な法が存在するという）自然法の教説を指している。それは、ゼノンらストア派に始まり、ローマ法学者・キリスト教の教父達、聖アクィナスを経て、ルネッサンスや宗教改革以後は新しく定式化されて、マグナ・カルタやイギリス革命、アメリカ革命や独立宣言、フランス革命の権利章典などに現れた。およそ一五〇〇年から一八〇〇年まで栄えた自然法の新学派は、近代の多元主義への対応だったのだが、それは、比較的単純で同質性が高かった一八世紀末の国家までは対処出来たものの、（産業革命と大衆の政治参加などによって引き起こされた）後期近代の多元性を処理する事は出来なかった。この結果、公共哲学の伝統が失われた事が「強大な真空」を作り出した、というのである（第8章「公共哲学の失墜」）。ここで、リップマンは、この本の主題となる決定的な問い（と彼の回答）を提起する。

自由民主主義諸国において公共哲学の論議が言わば棚上げにされているならば、論議されてもいないのに公共哲学が存在すると想定できるだろうか。善良な市民が否定も無視もできないような、ポジティブな原則や指針の体系がはたして存在するだろうか。存在すると私は確信して、この書物を記している。……私は公共哲学が存在すると信ずる。文明的品性という公共哲学が確かに存在するのである。公共哲学は発見されたり発明されたりしなければならないものではない。それは知られている。しかし復活され刷新されなければならないのである。

公共哲学は自然法として知られている。悲しいかな、この名称は語義の上で大きな混乱を生じさせる。この哲学は西洋社会の諸制度の前提であって、公共哲学を遵奉しない社会ではそれらは機能できないと私は信じている。この哲学の諸前提を除いてしまうと、人民の選挙、多数決、代表議会、自由な言論、忠誠心、所有、法人、自発的結社について、理解して運用できる概念へと到達することはできないのである。……（本書九四－九五頁、強調原文）

リップマンは、多元化し断片化された今日の社会でこそ、共通の結合させる原則を有する公共哲学が、かつて以上に必要であるとする。そして、「公共哲学の刷新」（第9章）のために、現代的な問題である所有・言論の自由について、具体的に公共哲学を適用して、今日におけるその有効性を示す。彼によれば、――文明的品性の伝統が断絶すると、コミュニティは解体や崩壊の危機に陥る。コミュニティの公共世界の歴史の中にある、先人達の優れた行いを見ることによって、人は文明化《シヴィライズド》され、原始的な人間本性を克服して、第二の人間本性（second nature）へと至る。その理想は、プラトンの描くソクラテスの最期のように、第二の文明化《シヴィライズド》された人間性ないし真の自己が、生死に至るまで自然の自己（natural self）を統べることなのである。

ジャコバン主義の「現代的民主的福音」における救済や完成への憧憬は、理解できるものの、それは、（死すべき人間の有限性の中における最善でしかあり得ない）この世における善ではなく、天における完全な生を約束してしまっている。その誤りの原因は、この「二つの領域」（第10章）を混同してしまっているところにある。人間の条件の中で、文明的品性の伝統は、善き生の現世的な智恵として、アリストテレスの言うように、両極を避けて、固定しない中庸を取るところにある。イエスや預言者達の教えは、「霊の領域」におけるビジョンであるが故に、日常の生における包括的な法律や指針ではない。現存〔現実存在〕世界ないし公共世界においては、そのまま理想や公共的規則とはなりえない。文明的品性の伝統においては、この二領域は、不可分ではあるが、異種のものであり、この双方に忠誠心を持ちつつ、その緊張の中で、固定せずに均衡を取らなければならない――。

かくして、リップマンは、最終章「文明的品性の擁護」で次の二点を確認する。

①自由な諸制度と民主主義は、公共哲学を遵奉した人によって想像・確立されたものである。その根本的原則は、法が市民社会の紐帯であって、（統治者も被治者も含めた）全ての人々が、法の下にあり、その法は理性的な議論によって発展・洗練されることができ、最高の法は、十分に知れば、すべての善意ある人は合意するようなものである。

②現代の民主主義諸国は、公共哲学の主要な概念・原則・教訓及び一般的な思考態度を放棄してしまっている。

その上で彼は公共哲学の再生が必要だと主張する。公共哲学は、情熱を統制して文明化された第二の本性を身につけることを要請するために、必然的に大衆には人気がない。また、非物質的で不可視・不可触な本質の存在を主張するので、実証主義者達を説得するのは難しい。

公共哲学には、文明的（品性の）社会の法の下の互酬的な権利・義務関係は、（合意に基づく）公共的な社会契約の上に成り立っているという考え方がある。これは、ベンサムらから擬制《フィクション》と批判されてきたが、擬制が必ずしも誤りを意味するわけではない。哲学者達は、これまで抽象的・非物質的な諸観念を具体的な現実に適用するために、神話を比喩と解釈するなどの方法で「適応（accommodation）の言語」の形成に努力してきたが、今日ではそれには限界が生じている。

根本的な点は、超越的な法、即ち、主観的ではなく客観的な法が存在し、そのような独立した実在を発見して、従わなければならないということである。サルトルのように、善・正・真を個人が選んだり、作ったりすると考えるならば、それは文明的品性の域外である。私的自己を超えた公共的世界、（人気のある衝動と対立する）善き社会の公共的原則を論証するという、時流に抗する仕事は、哲学者の果たすべき役割である。文明的品性の擁護者にとっては正と真理の正統性が必要だとして、リップマンは印象的な言葉でこの本を締めくくっている。――「西洋社会における危機において、今や天命〔天から受けた命令〕（mandate of heaven）が論点なのである。」

以上のようなリップマンの公共哲学は、「自然法的公共哲学」と呼ぶことができよう。哲学的にはプラトン主義的な発想を土台としつつ、――そこから非民主主義的な結論を導くのではなく――近代社会契約説における自然法の観念を「新自然法学派」として擁護する。それを介することによって民主的制度と適合させ、「新自然法学派」が対応できなかった大衆社会において、自然法的な公共哲学の再生を説くのである。プラトン的でありながら民主的で契約説を肯定するところは、ルソーに類似しているし、世論と公共的利益の区別も、ルソーにおける特殊意志と一般意志との区別を連想させる。すなわち、大衆批判の文脈において彼は、世論を私的意見の原子論的な総和と捉え、公益は、それとは異なって、不可視の全体論的なコミュニティ（「統合体的な人民」）としている。この定式化は、（一般意思を特殊意思の総和ではないとした）ルソーの議論と似ているが、彼は、ジャコバン―マルクス主義の急進的伝統を（彼岸と此岸とを混同した）擬似的福音として批判する。明示的に超越的な実在や自然法の存在を主張し、人間性の陶冶と統治の必要性を強調したところに、ルソー以上にプラトン的なリップマンの思想的特色が存在する。

また、世論は現在の世代の意見にすぎないとして、過去世代や将来世代をも含めた不可視のコミュニティという観点から公共的利益を考える必要性を指摘した点も、重要である。これは、プラトンにもルソーら社会契約論者にも明示的には見られない論点であり、（環境問題などを契機にして）将来世代という観点の重要性が漸く認識され始めた今日にして、初めて十全に理解し得るようになった論点である。これは、リップマンの政治哲学的な洞察力の先見性を示すものであろう。

4　甦る公共哲学――危機に対する予言的警告と再生への鍵

コミュニタリアニズムが公共哲学という用語を用いるまで、リップマン以後に公共哲学という概念を用いた著作は、さほど多くはない。ただ、リップマン自身が本書第8章2で言及しているC・マレーは、カトリックの立場から執筆した『私達はこれらの真理を持つ——アメリカの命題についてのカトリック的省察』（一九六〇年[9]）において、公共哲学という用語を用いている。リップマンの主張した自然法は、キリスト教的観念だから、ここには親近性が存在する。

もっとも今日では、コミュニタリアニズムだけではなくリベラリズムも含め、様々な思想的立場から公共哲学という概念が用いられるようになっている。前述のようにこの概念は本書に始まるが、リップマン自身の公共哲学は内容的にはコミュニタリアニズム的公共哲学の起点とみなせよう。たとえば『道徳序説』から『公共哲学』へという展開は、まさに美徳を重視するコミュニタリアニズムの特質を持っている。また『善き社会』という書名も、ベラーやエツィオーニが同名の著作を刊行しているように、コミュニタリアニズムと親和的である。その特質として、次のような点が注目に値するだろう。

第一に、近代の民主主義を前提としているものの、それを単純に謳歌するのではなく、大衆社会化の下の危機意識に促されて、公共哲学の再生を説いている。ベラーやサンデルの場合も、事情は同様である。ただリップマンの場合、西洋社会や文明の危機を見抜き、その再生の方途を描いているという点で、さらに巨視的な視座を備えていると言えよう。

第二に、ベンサムを批判し、自然法や第二の人間性、不可視のコミュニティというような観念を用いることによって、原子論的・経験主義的ないし功利主義的な個人主義に対して、共同性や超越性・倫理性の必要性を主張している。だからこそ、リップマンの公共哲学は、コミュニタリアニズム的公共哲学の起点をなすのである。

第三に、特に、子孫も含めた不可視のコミュニティから公共的利益を考える視点は、世代間のコミュニティを想定する超世代的公共哲学の先駆でもある。

第四に、リップマンにおいても、先の引用部に「善良な市民が否定も無視もできないような、ポジティブな原則や指針」とあったように、それは、市民が行動の指針とするような公共的原理であるとともに、政治権力のポジティブな捉え方を内包している。従って、過度に難解な哲学ではなく、一般の人々が理解し、それに従って生きることができるような哲学が想定されているという点で、それはまさしく公共哲学である。さらにリベラリズムやリバタリアニズムのように、国家権力による人々の権利侵害というネガティブな問題を防御するというだけではなく、コミュニタリアニズムでいう公共善を実現するというポジティブな性格を持っている。それゆえに、リップマンの公共哲学は、ポジティブ公共哲学でもあるのである。

そして第五に、このような公共哲学の考え方には、優れたジャーナリストでもあったリップマンの個性が反映しているのだろう。彼は、職業的な哲学者ではなく、あくまでもジャーナリストとして現実問題を考える中から、必要な哲学的考察を加えたのであり、その哲学は、象牙の塔の哲学ではなく、現実の中で生きる哲学であった。つまり、リップマン自身が、ジャーナリストであると共に、正に「公共哲学者」を体現する存在であった。さらに、彼は公共的な人々へのエッセイを多々書いており、編纂されてその集成が『公共人（*Public Persons*）』(10)という名称のもとに出版されている。

これらの点において、リップマンの公共哲学は、今日のコミュニタリアニズム的公共哲学の原点であるとともに、幾つかの点では通常のコミュニタリアニズム的公共哲学を超えた射程と洞察を備えている。

一九五〇年代に出版された本書に対しては、全体主義による民主主義の危機が去ってアメリカ的民主主義が全盛を迎えている以上、その主張は時代の課題と乖離しているという醒めた見方もあった。前述したリップマンにおける公共哲学の五段階の内、一九三〇年代半ば（第四段階）までは時代と対峙して言論活動を行ってきたリップマンの議論が、最後の段階ではついに時代や場所と大きく異なるようになってしまったというのである。(11)

ところが、出版後六〇年余を経て、冒頭に述べたように、ポピュリズムの席捲による民主主義の危機やパンデミックという厄災、そして独裁による侵略戦争といった文明的危機が生じ、リップマンの問題意識がまさに現在の重畳する難局を射貫くような状況を迎えている。その意味で本書は、第二次世界大戦の経験からリップマンが予言的警告と再生への鍵を残した書物だったのかもしれない。本訳書が、その公共哲学を改めて顧みて、民主主義と文明の再生に少しでも寄与しうることを願いたい。

小林正弥

注

（1）Sir Ernest Barker, *Traditions of Civility*, Cambridge, Cambridge University Press, 1948, preface, p. vii. この本の第8章

「自然法とアメリカ革命」は特に関係が深く、バーカーは自分が翻訳したオットー・フォン・ギールケの自然法の説明に言及しており（p.318）、リップマンも自然法の説明にギールケを援用している（本訳書第8章第4節一〇〇－一〇二頁、特に注6・11・12・16、第11章第5節、一六八頁、注15など）。

（2）Benjamin F. Wright, *5 Public Philosophies of Walter Lippmann*, Austin, University of Texas Press, 1973, p.127, p.142, note 3.

（3）リップマンの生涯については、J・ラスキン『ウォルター・リップマン――正義の報道の自由のために』（鈴木忠雄訳、人間の科学社、一九九六年）、ロナルド・スティール『現代史の目撃者――リップマンとアメリカの世紀（上・下）』（浅野輔訳、TBSブリタニカ、一九八二年）を参照。

（4）W・リップマン『世論（上・下）』（掛川トミ子、岩波文庫、一九八七年）；ウォルター・リップマン『幻の公衆』（河崎吉紀訳、柏書房、二〇〇七年）。

（5）Walter Lippmann, *A Preface to Morals* (New Brunswick, Transaction Publishers, 1929, 1999),pp.326-330.

（6）*Ibid.*, John Patrick Diggins, "Walter Lippmann's Quest for Authority, Introduction to the Transaction Edition".

（7）Wright, *op. cit.*

（8）Charles Wellborn, *Twentieth Century Pilgrimage: Walter Lippmann and the Public Philosophy*, Baton Rouge, Louisiana State University Press, 1968.

（9）John Courtney Murray, *We Hold These Truths: Catholic Reflections on the American Proposition* (New York, Sheed and Ward, 1960).

（10）Walter Lippmann, *Public Persons*, ed., by Gilbert A. Harrison (New York, Liveright,1976).

（11）Wright, *op. cit.*, p.151.

あとがき――公共哲学の古典にして、危機に瀕する民主主義からの再生を促す警世の書

訳者の一人・宮﨑文彦氏が本書の再訳を提案したのは、二〇一一年である。マイケル・サンデル『民主政の不満（上・下）』（千葉大学人文社会科学研究科公共哲学センター訳）の翻訳が刊行された後だった。一九五七年の矢部貞治訳『公共の哲学』（時事通信社）があるが、[1]「公民道」という civility の訳語に象徴されているように、今から六六年前の翻訳で文体が古い上に、今日では入手困難になっていたからである。本書は、公共哲学という概念を提起した記念碑的著作であり、特にコミュニタリアニズム的公共哲学の起点である。その意義に鑑みて私はすぐに勁草書房の宮本詳三編集長（当時）に打診し、快諾していただいた。

私はかねてから、公共哲学の源流に関してはリップマンに力点を置いて説明していた。[2] リップマンは公共哲学においてメディア論の文脈で論じられることが多いが、私は公共哲学そのものの原点として位置づけたいと考えていた。古典としてのこのような思想史的意義こそが、本書翻訳の始発の動機だった。

しかし当時は、マイケル・サンデルのハーバード白熱教室が大きな社会的反響を呼んで私はサンデルらのコミュニタリアニズムの思想的紹介や白熱教室の展開に追われており、さらに近年は政治哲学と科学的なポジティブ心理学の架橋や統合という仕事に没入していた。本書刊行に一〇年以上もかかってしまったのは、一重に私の責任である。

この間に世界には大変動が起こり、ポピュリズムの勃興、コロナ禍、そしてロシアによるウクライナ侵攻という相次ぐ歴史的事件によって、本書刊行は緊迫した時事的意義も急に帯びるに至った。ぜひ読者には公共哲学の思想的古典として玩味するとともに、執筆時の戦前・戦後の世界と今日の危機状況を照らし合わせながら、私たち自身の時代を考えるための生きた思想書としても読んでいただければ幸いである。今では本書は、民主主義や戦争の危険という進行中の事態に対する警世の書ともなっており、文明的品性の公共哲学は民主主義再生への導きの糸ともなりうるからである。

このように刊行の意義が倍加したことにも促されて、翻訳作業も当初想定していた以上に徹底したものとなった。当初の訳文が矢部訳を参考にしていたのに対し、他の年若い訳者たちに訳文チェックや原注の訳、訳注作業を行ってもらいつつ、私が日英全文を照合して全面的に推敲・彫琢し、訳文の質的向上を図った。チームワークに基づいているという点で、本書は千葉大学大学院人文公共学府公共哲学センターの成果でもある。

さらに、編集者の伊従文氏が、綿密な翻訳チェック作業を行ってくださり、原著で参照されている文献の邦訳との照合まで行ってくださった。わかりにくい訳文やミスまで指摘してくださり、感謝に堪えない。意気ある編集者の魂と技に巡り会い、大いに励まされて、最後まで文章の研磨を続けた。本書翻訳の完成は、忍耐強く翻訳作業の完成を促してくださった宮本氏と伊従氏の尽力に負うところが極めて大きい。

振り返ってみれば、上記の翻訳書や『コミュニタリアニズムのフロンティア』『コミュニタリアニズムの世界』など、本書も含めてコミュニタリアニズム的公共哲学に関する書籍が世に出たのは、宮本氏の理解の賜物である。さらに9・11後における『戦争批判の公共哲学』刊行も、平和問題に対する思想的発信であり、「戦争と平和」という本書の大テーマへとつながっている。活字文化の危機も指摘される中で、思想的書物を数多く刊行しておられる勁草書房の力量を改めて感じ、お二人に記して感謝するとともに、本書が多くの読者の手に届くことによって、危機に瀕する民主主義の再生に向けて公共哲学が思想的貢献をなしうることを心より願いたい。

二〇二三年一月一六日

小林正弥

（1）抄訳がC・ロシター、J・レーア編『リップマンの真髄――自由民主主義のための政治哲学〈第1－4〉』（矢部貞治訳、時事通信社、一九六五年）に掲載されている。

（2）小林正弥「公共哲学の概念――原型、展開、そして未来」（『公共研究』第2巻第4号、二〇〇六年三月、八－三七頁）。なお、リップマンに関する説明は本書解説と一部重なっている。

監訳者略歴
小林正弥（こばやし まさや）
1963年生。東京大学法学部卒業。千葉大学大学院社会科学研究院教授、慶應義塾大学大学院システムデザイン・マネジメント研究科特別招聘教授。著書に、『政治的恩顧主義論——日本政治研究序説』（東京大学出版会、2000年）、監訳書にM. J. サンデル『民主政の不満——公共哲学を求めるアメリカ（上・下）』（勁草書房、2010-2011年）、共編著に『コミュニタリアニズムのフロンティア』『コミュニタリアニズムの世界』（ともに勁草書房）ほか多数。

訳　者
宮﨑文彦（みやざき ふみひこ）
千葉大学大学院社会科学研究院特任研究員ほか
主要論文に「脱炭素と地域課題の同時解決を考えるワークショップ——未来ワークショップから脱炭素未来ワークショップへ」『公共研究』第18巻第１号ほか。

石川裕貴（いしかわ ひろたか）
千葉大学大学院博士後期課程在籍
主要論文に、“Multi-Dimensional Dynamics of Psychological Health Disparities under the COVID-19 in Japan: Fairness/Justice in Socio-Economic and Ethico-Political Factors,” *International Journal of Environmental Research and Public Health*, 2022, 19(24), 16437（共著，Masaya Kobayashi, Hikari Ishido, Jiro Mizushima and Hirotaka Ishikawa）。

生野克海（いくの かつみ）
千葉大学大学院博士前期課程在籍

索　引

あ　行

か　行

さ　行

ま　行

や・ら・わ　行

リップマン　公共哲学

2023年２月28日　第１版第１刷発行

著　者　ウォルター・リップマン

監訳者　小《こ》　林《ばやし》　正《まさ》　弥《や》

発行者　井　村　寿　人

発行所　株式会社　勁《けい》　草《そう》　書　房

112-0005　東京都文京区水道2-1-1　振替　00150-2-175253
（編集）電話　03-3815-5277／FAX　03-3814-6968
（営業）電話　03-3814-6861／FAX　03-3814-6854
堀内印刷所・松岳社

ISBN978-4-326-15485-2　　Printed in Japan

＊落丁本・乱丁本はお取替いたします。
ご感想・お問い合わせは小社ホームページから
お願いいたします。

https://www.keisoshobo.co.jp

マイケル・サンデル 著／小林正弥・金原恭子 監訳
民主政の不満 上・下 A5判 (上)二四〇頁 二八六〇円 10196-2 (下)三三六頁 三三〇〇円 10197-9

菊池理夫・小林正弥 編著
コミュニタリアニズムの世界 A5判 四〇四頁 四四〇〇円 10226-6

小林正弥・菊池理夫 編著
コミュニタリアニズムのフロンティア A5判 三八四頁 四〇七〇円 10223-5

ジェイソン・ブレナン 著／井上彰・小林卓人・辻悠佑・福島弦・福原正人・福家佑亮 訳
アゲインスト・デモクラシー 上・下 四六判 (上)二六四頁 三五二〇円 35186-2 (下)二三二頁 三三〇〇円 35187-9

ラリー・ダイアモンド 著／市原麻衣子 監訳
侵食される民主主義 内部からの崩壊と専制国家の攻撃 上・下 四六判 (上)二五六頁 三一九〇円 35183-1 (下)二五六頁 三一九〇円 35184-8

＊表示価格は二〇二三年二月現在。消費税（10％）が含まれています。
＊ＩＳＢＮコードは一三桁表示です。